北九州の逆襲

北九モンの心意気とドラマティック・シティの真実

葉月けめこ

言視舎

プロローグ

さすが修羅の国！

成人式シーズンになると毎年懲りもせずくり返される、なんとかの一つ覚えのようなネットの書き込みに、いささか辟易しております。

金銀紫の袴、ピンクの花魁姿などなど、派手な衣装に身を包んでいる北九州の成人を見ての騒ぎなのですが、私は言いたい。

好きな服を着とるだけやん、悪いことやらしてないっちゃ！と。

大辞林（三省堂）によると修羅とは、①阿修羅の略。②激しい戦闘、闘争、争い。③大石・大木などを運搬する車。修羅車、などの意が書かれています。

これらの意味を知っているのかいないのか。ネットに書かれているその文字からは「〝修羅〟という言葉を使いたくてしょうがない」という子どもじみた衝動しか見えてこないのがムカつきます。

あ、いえ、「修羅の国」と呼ばれること自体は、まんざらでもないんですよ、個人的には。私自身、10代のころはある意味戦闘態勢で生きていましたし、当時はヤンキーだってそこら中にいましたから。

修羅だろうがなんだろうが、キャッチコピーがあるのはありがたいことですし、〝おしゃれタウン〟なんてこそばゆい呼び方をされるより100万倍マシじゃないですか。

ただ、このような発言を見るにつけ、ネットの情報が速いというのは嘘だなあと失笑してしまうのも事実です。だってかなり遅れているもの、これ。

「ニッポンジンハ、ミナ、サムライ」と思い込んでいる遠くの外国人と同じです。

いいですか、みなさん。**いまや北九州は〝住みたい街〟として注目を浴びている**んです。ここ見ないフリしないでくださいませね。

子育てしやすい街、シニア世代が住みたい街、生活天国などなど、人にもお財布にもやさしいキーワードが躍りまくっているというのに！

いい噂ってなかなか広まらないんですよね。噂好きな人たちは、こんなときこそがんばればいいのに。

たとえばですよ。古い北九州の主たるイメージは、

・公害の街

・鉄冷えの街

・通過都市
・荒くれ者の街
・文化がない

と、なんだか殺伐としたワードが多いです。一部誤解もあるようですが、とりあえず否定しません、認めましょう。**北九モン**（注：北九州市民、出身者など、北九州の血が流れている者のこと）はそういうところ謙虚だし真面目です。自分が悪いと思えばごめんなさいできるし、すごいなと思えばひがんだりせず素直にリスペクトします。

なにより、このマイナスだらけのイメージがあったからこそ、〝住みたい街〟へと進化できたと思うから。

では、今現在、北九州のイメージとして〝見識ある〟人々が口にする言葉を見てみましょう。

・環境都市
・再生都市
・アジアの玄関口
・観光・交流都市
・生活天国
・映画の街

どうですか、この爽やかな風が吹き抜けるような気持ちのいいワードは！

北九州はもう戦国時代じゃないです。とっくの昔にチョンマゲを切りました。

ただ、チョンマゲは切ったけど刀は隠し持っています。時代に合わせ、人々の暮らしに合わせ、変化・進化はしてきたけれど、どうしたって譲れない、変われないものがあるから。


心意気。


それは時にやっかいな頑固さにもなるのでしょうが、北九州のすごいところは、なんだかんだ言いながら、変わりたがるものと変わりたがらないものがうまい具合に融合しているところ。

その象徴が北九州のシンボル・小倉城と、２００３年にオープンし、いまや北九州のランドマークとなったリバーウォーク北九州とのコントラストではないかと私は思っています。


歴史あるお城と近代建築が仲良く並んでそびえる姿……ある意味時代感覚を無視したあの風景をはじめて目の当たりにしたときは、あまりの大胆不敵さに絶句した私ですが、見慣れるとこれがしっくりくる。というか、決して守りに入らず攻めて攻めて攻めまくる。こういうダイナミックさこそ北九州よねと激しく納得してしまったのです。

もっといえば、そういった違和感のある風景をごく自然に受け入れていく市民の気質・体質が

小倉城とリバーウォーク　© Koji Kobayashi

この街を劇的に変化させてきたのではないかとすら思っています。

そして、このチグハグな融和こそ北九州の魅力なのだと私は思うのです。アイドルだって整いすぎている顔より、鼻が上を向いていたり、アヒル口だったり、どこかに欠点があったほうが魅力的だし、人気も出るじゃないですか。それと同じです。

〝古きと新しき〟がちょっぴり違和感を持って共存している。けっしてそつなく美しく融合しているわけじゃないところが肝です。

さて、大事なことなのでもう一度言います。

いいですか、みなさん。

北九州はとっくの昔にチョンマゲを切っています。

北九州の〝今〟を見てください。

機は熟しました。

さぁ、逆襲のスタートです！

目次

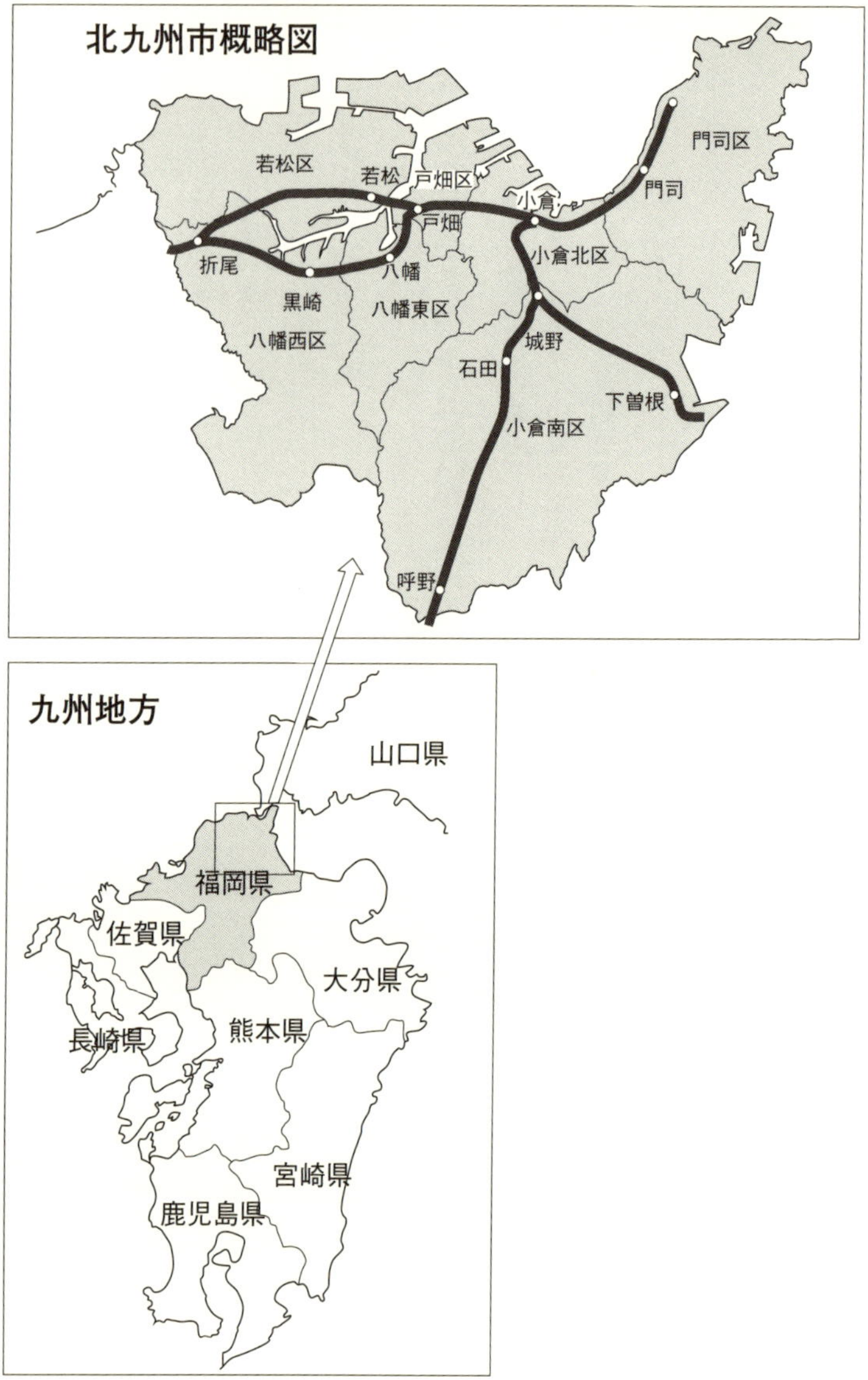
北九州市概略図
若松区
若松
戸畑区
戸畑
小倉
門司区
門司
折尾
黒崎
八幡
小倉北区
八幡東区
八幡西区
城野
石田
下曽根
小倉南区
呼野
九州地方
山口県
福岡県
佐賀県
大分県
長崎県
熊本県
宮崎県
鹿児島県

I

北九モンの真実

第1章　北九州市と福岡市

1　出身は福岡です

「ご出身は？」

東京で仕事をしていると、けっこうな高確率で出身地を聞かれます。だからと言って、「え、私、今訛ってた？」とか「田舎臭がダダ漏れしてる？」などの心配は無用です。みなさまご存じの通り、東京は地方出身者の寄せ集めと言われるほど上京者の多い街なので、とりあえずほとんどの人がお互い〝ノット東京人〟という前提で接しています。

血液型を訊ねるぐらいの気軽な感覚ですね。特に必要な情報でもないけど、とりあえず出身地を聞いておくか。そこから会話が広がったりするかもしれないし～程度の挨拶みたいなものです。

だいたいの場合、聞いているほうも地方出身者だったりして、万が一同郷だったらうれしいなあぐらいの気持ちで聞いているので、軽やかに答えましょう。

▼北九モンの答え

では、答えますよー。

「福岡です」

凹凸に乏しい顔から気持ち程度突きだした鼻をそこそこ高くして、私はこう答えます。

「ん？」

ここで反応するのは福岡のことをよく知っている人でしょう。

そうです。私の出身は福岡県。これは間違いではありません。ですが、福岡をよく知る人にとってこの答え方はとても曖昧。特に相手が福岡市内出身の人だったりすると、さあ大変です。同じ福岡市内出身であれば親近感を持って「福岡のどこね？　あー、南区ね！　南区のどこ？私は大橋なんよ！」などと盛り上がること必至ですが、「北九州です」と答えた途端、相手の態度が一変する可能性もなきにしもあらずです。

福岡の人は基本的に温厚ですからね、決して不快感をあらわにはしません。けれど内心冷ややかに「はあ、北九州？　お前は福岡出身っち言うたらいけんやろ！」とつぶやいているはずです。

そうなんです。「出身は福岡」という答え方には北九モンにとってある種の〝逃げ〟が含まれているんです。

まあ、福岡県以外の人から見ればどっちでもいいことなんでしょうが、こと福岡市民、北九州市民にとってはわりと重要な問題なんですね。まあ、この件についてはのちほどゆっくり。

▼「北九州」の正確な位置

くり返します。出身地を訪ねられたとき、特別な状況でもない限り、私は「福岡」と答えます。嘘をついているわけではありません。北九州市は福岡県ですから、「福岡」で正解です。ただ、全国的にみて「福岡」というと「福岡市」＝いわゆる「博多」をイメージしますよね。もちろんそれも承知のうえです。

私の場合、福岡市内にも10年ほど住んでいましたので、どっちでもいいという気持ちもありますが、博多出身だと思ってもらったほうが面倒くさくないという怠慢もあります。

まず位置情報の説明が不要です。これは上京してはじめて知ったことですが、北九州がどこにあるのか知っている人は驚くほど少ないんです。

都会を背負った東京の人たちは、とっても大人だったり、ドラマの中の紳士のようにやさしかったり、実はこっそり見栄っ張りだったりするので、「北九州？ どこそれ？」「九州の北のほうってこと？」などというすっとぼけた切りかえしはしません。

知っている人は「ああ、無法松の小倉？」とか「門司港レトロね！」とか、自らの知識を総動員して、数少ない北九州情報でリアクションをしてくれます。それ以外の人はなんとなくわかっている風に「ふうん」「あっそうなんだ～」と、人間関係に支障をきたさない程度の曖昧なリアクションで濁してくれます。

そもそも北九州の位置諸々をちゃんと知っているくらい福岡に詳しい人は「福岡です」という曖昧な答えで納得しません。「福岡のどちらですか？」なり「福岡市内ですか？」なりの追加情報を求めてきます。それがないってことは、それ以上何を言ってもわかんないってことです。

市や街として名の知れた土地の出身者は、出身地を「県」で答えることはまずないですから。「横浜です」「神戸です」などなど、胸を張って具体的発言に踏み切ります。自信があるからです。

おいらの街を知らないわけがねえ。

あたくしの街を知らないほうがどうかしてるわ。

てな具合です。

たとえば、横浜の人は出身地を「神奈川」とは言わないでしょう。なにがなんでも横浜です。「神奈川ですか」と言われても「いいえ、横浜です！」と、あたかも横浜の中に神奈川があるかのような言い切り具合です。どうかすると、訊ねてもないのに横浜出身を前面に押し出してくるほど積極的に横浜出身をアピールします。

「神奈川でひとくくりにしないでちょーだい」的なプライドがあるのでしょう。たしかに横浜も神戸も街として突出した特色があるので、普通だったら「なによ、この高飛車野郎！」と、気の強いおねえさんに叱られそうな発言も全国的に許されています。てか、日本人は横浜&神戸に甘いです。

横浜の人だからお洒落に違いない。

神戸の女性はみんなお嬢様。

なんだこのわけのわからない逆偏見は！

私怨じゃありませんよ。横浜にも神戸にも私は縁もゆかりもありませんから。しいていえば、いわゆるおしゃれタウンというものに対して拒絶という体裁のコンプレックスを持っている。それだけです。なので、その略どうなの？という疑問満載な〝ニコタマ〟も大の苦手です。一回しか行ったことないし、用もないけど。

▼〝おらの街プライド〟

さて、九州においてこの〝おらの街プライド〟を持っているのは福岡市民、特に「博多」（狭義では福岡市博多区北西部）と呼ばれる地域の人たちでしょう。

福岡市内出身の人が出身地を聞かれると「福岡市内です」もしくは「博多です！」などわりと詳細に答えることが多く、他の地域と誤解されてなるものかという姿勢が見受けられます。

「福岡」などという曖昧な言い方をして、久留米や飯塚や田川や北九州、ましてやどこかの郡部と間違えられたら博多っ子のプライドが許さないからです。

そういう意味で北九モンは謙虚です。九州初の百万都市（1963年）、かつては東洋1の吊り橋だった「若戸大橋」、四大工業地帯の一角として国を支えた「北九州工業地帯」（近年は北九州工業地域と呼ばれているらしい）などなどの華々しいプロフィールを持ちながらも、〝おらの街〟を主張することはほとんどありません。

声高に北九州を叫んでも、わかってもらえない、あるいは、万が一相手が北九州という市を認知していたとして、出てくる答えが「あー、あの怖い怖い修羅の国ね」などという、うっすいネット情報ぐらいしかないことがわかっているから。

とりあえず「福岡県から夢と希望と少々の不安を背負って上京してきました！」ってことが伝わればいいやろ。

なかには「博多モンと勘違いしてくれればしめたもの」という計算高い人もいるかもしれませんが。いずれにしろまずは「福岡」で様子をみます。

これはなにも私に限ったことではなく、東京で暮らす、あるいは働く北九モンの多くにあてはまるのではないでしょうか。

いいえ、だからといって最初からあきらめていたわけではありませんよ。

ご出身は？

北九州です！

胸を張って「我こそは北九モンなり！」という主張をかましたこともあります。

それがまあ、軒並み不発に終わっているんですね。

「北九州？？？（？の数がものすっごく多い表情）」

「九州の北側？」

「それって佐賀だっけ？」

いやいやいや、福岡県の北部にある北九州市！人口は百万人を切ったけど、それでも90万人以上は住んでいるし、本州から九州への玄関口にあたる重要なポジションにある都市なり！

とまあ、こんなふうにいちいち説明するのは、正直言って面倒くさいです。

そんなこんなの経緯を経て、「出身は福岡」という曖昧な返答に落ち着いているわけです。

▼北九モンのプライド

だからって北九モンのプライドを捨てているわけではないですよ。

祭り好きで喧嘩っ早いのが北九モンの特徴ではありますが、でも、だからこそ、それを言ったところで盛り上がらないよね？みたいなことはしませんし、短気ゆえにまどろっこしい説明は避けて通りたがります。

祭り好き＝みんなで盛り上がることを好むということでもあるので、しょうもない見栄を張ってみんなの意気を下げるようなことはしません。空気だってちゃんと読むんです。

「ご出身は?」

今日も都会のどこかで、やんちゃでシャイな北九モンが「お前のふるさとはどこだ?」と、不躾に訊ねられて戸惑っているのでしょう。

胸を張って北九州っち言いたい! けど、北九州っち言うたって、どうせ知らんやろ……。

そんなあきらめと、ひょっとしたら福岡のどちらですか?と聞いてくれるかもしれないというほんの少しの期待を込めて、私たちはこう答えるのです。

福岡です。

2 「北九モン」を福岡の県民性では語れない

福岡県には**福岡市と北九州市というふたつの政令指定都市**があります。同じ福岡県内ということで一緒に語られることが多いのですが、**実はぜんぜん違う街**です。

他県、特に九州の外から見れば、「福岡」も「北九州」も同じなんでしょう。テレビ番組などでよくやる「県民性」も「福岡県民」ということでひとつにまとめられています。

それはそれで間違いじゃないし、だいたいのベースは似ているので頷ける部分も多く、とても楽しく拝見しています。

ただ、「福岡県民」に描かれる県民性は大方福岡市を中心としているので、そのまま「北九州」

の市民性にはあてはまりません。まあ、これは福岡に限らず、どの県も同じだと思いますが。

まず、ちまたでよく言われる**北九モンの気質**をあげておきましょう。

・目立ちたがり屋で祭り好き
・ケンカッ早いがお人よし
・義理・人情を重んじる

では、**福岡市民を主とする福岡の県民気質**はどうでしょう？

・目立ちたがり屋で祭り好き
・おおらかで明るく楽天的
・解放的でおだてに弱い

とまあ、こんな感じでしょうか。

ばっちり重なるのは〝目立ちたがり屋で祭り好き〟ぐらいですね。

どっちも単純でわかりやすいという特徴もあり、**なんとなーく似てはいるのですが、なんかちょっと違う**。福岡市民に比べると北九モンはもっと荒くてザラッとしているというか、頑固で不器用な気がするのです。

福岡市と北九州市では、**そもそも街の歴史**が違います。

おおざっぱに言うと、福岡市は**武士の町「福岡」**と**商人の町「博多」**が一緒になった街。

一方北九州市は、**港町「門司」、城下町～軍都「小倉」、漁師町～石炭の町「若松」、半農半漁の村から鉄の町になった「戸畑」、官営八幡製鉄所があった「八幡」**というある種職人気質な成り立ちです。

福岡県民は総じて陽気ではありますが、商人の声の大きさというか、福岡市民の持つラテン系の明るさは北九州市民にはないような気がします。

つまり、北九モンは外の世界に向けて自らを解放することが苦手、アピール下手だとも言えるでしょう。

細かいことは気にしないが、男性はわりと寡黙です。もくもくと働いて、酒を飲む。福岡市のシティボーイのような柔軟さもなく、女の子を上手に扱える男性は少ないです。

「不器用ですから」

そう！ **高倉健**さん（福岡県中間市出身）をイメージしてください。あんなにかっこいい人はいないけど、わかりやすく例えました。健さん、ごめんなさい。

女性は総じておおらかではありますが、福岡市の女性と比べると北九女はキツさが目に見えます。福岡市の女性が、まんまるでほわんほわんだけど見えないところに大小の石が隠されている

北九州のシンボル小倉城（上）と小倉井筒屋クロスロード。奥には小倉城の姿が見える。ドラマ『MOZU』の聖地となったこの場所は、冬場のライトアップも美しい界隈です。

ボールだとすれば、北九女はあちこちからトゲが出ているボールです。それも不規則に飛び出しているトゲ。どこから出ているという決まりはありませんし、大きさもマチマチです。目に見える分、気が強い印象を与えやすい。損してますよね〜。

福岡市と北九州市はお隣同士という認識のかたも多いと思いますが、古賀市とか宮若市とかいくつかの市が間にあります。高速道路を使ってもいくつもトンネルを抜けてやっとたどりつくという塩梅。

言葉も食べ物の味付けも人の気質も変わるに値する距離です。

そういえば味付けも北九州のほうが少し甘いんじゃないでしょうか。

労働者のまちだったからかもしれませんね。

ともあれ、福岡の市民性と北九州の市民性（北九モンの気質）は似て非なるものだと覚えておいていただければ幸いです。

一緒にしたら怒りますよ、福岡市民が。

3　北九州市VS福岡市

北九州市民は福岡市民を敵対視していると言う人もいますが、実はそうでもないんじゃないでしょうか。私は福岡市も大好きですし、第二のふるさとだとも思っています。

もちろんなかには「福岡の街やらぜったい行かん！」とか、「博多より小倉のほうがぜったいおいしいものが多い」などと敵意をあらわにする人もいるでしょう。しかしながら、北九州市と福岡市がライバル関係にあるかと問われると微妙です。

それこそ福岡市より北九州市のほうが勢いのあった時代を知る世代は、今でもどこか悔しい気持ちを抱えているかもしれませんが、それより下の世代は大筋で負けを認めています。実際、私のまわりには福岡市に敵意を持っている人はひとりもいません。若い人ならなおさらでしょう。

そもそも“競技種目”が違うと思うんですよね～。福岡市は商業、北九州は工業で栄えてきましたから。空気も人も言葉もぜんぜん別物だと私は思っています。

まあ、上層部のどこかでは、博多に追いつけ追い越せ、あるいは北九州にもっと差をつけろ！みたいな隠密計画が進んでいたりするのかもしれませんが、私たち庶民にはあまり関係ないお話です。

人気アーティストのコンサートやショッピングなど、福岡市にはちょくちょくお世話になっているし、北九州より洗練された都会でなんでも揃う街としてリスペクトしている人のほうが多いのではないでしょうか。

実際、相手の良いところはちゃんと認めようとする真面目さが北九モンにはあります。これはのちほど詳しくお話ししますが、『無法松の一生』や『花と竜』にみられる義理と人情を重んじる北九モンは、「卑怯」な考えや行ないを忌み嫌いますから。

そうはいっても、意地っ張りなところもありますからね。コンプレックスの裏返しで「ん？博多なんか相手にしとらんっちゃ」と虚勢を張ったり、「博多にやら負けるわけがない！」と豪語することもあります。だけど、ほんとうは認めているんですよ、博多の良さを。強がっちゃって、かわいいでしょ？

▼言葉やらいちいち気にしとられんっちゃ

世間的によく言われるライバル関係としては、大阪vs東京でしょうか。主に大阪の東京に対するライバル意識がハンパないと聞きます。上京した大阪の人が東京弁を話しだすと、大阪の人から「裏切り者！」「東京に魂を売った！」などと罵倒されるとかなんとか。

しかしながら北九州にはそれはありません。東京弁で恰好つけようが、大阪弁でいきがろうが、博多弁で博多っ子のフリをしようが、特にどうということもないのです。

私もかなり博多弁に侵食された時期がありましたが、「すっかーん、博多弁やらつこうてから（やだ、博多弁なんか使ってるぅ）」とか言われたことは一度もありません。

誰がどんな言葉を喋ろうと知ったこっちゃいない。通じればいいっちゃ。

これはたぶん、北九州一帯が昔から中国や朝鮮半島で動乱が起こるたび、逃げてきた人々を受け入れてきたこと。また、石炭&鉄で栄えたということに起因するのではないかと私は考えています。

九州はもちろん、関東や大阪からも労働者が集まってきましたからね。ずっとずっと昔はもっといろんな方言が飛び交っていたんじゃないでしょうか。言葉はもちろん、**北九モンはよそ者や流れ者の受け入れに対してとても寛容**にできています。誰がどんな方言を使おうが特に気にもかけないおおらかさというか、〝自分と異なる〟人や文化をごく自然に受け入れるという良い意味での鈍感さがあると思うのです。

それが博多弁であろうが同じこと。

いきなり「よかろーもん！」（よく知られた博多弁）などと叫んだら、少しぐらいはからかわれるかもしれませんが、裏切り者とは呼ばれません。北九モンにとってはたいした問題じゃないってことです。

▼〝東京〟を意識していない

福岡市＝ライバル説が囁かれる原因のひとつとしてあげられるのは人口問題でしょう。

そもそも九州初の百万都市は北九州ですから。それがいつのまにか逆転されたうえ、北九州の人口は百万人を切ってしまった。さぞ悔しいに違いあるまい、ということなんでしょうけど。

ハッキリ言います、私は悔しくないです。そもそも百万人で区切る意味がどこにあるのかということですよ。

小倉駅新幹線口ではメーテルと星野鉄郎、さらにキャプテンハーロックのブロンズ像がお出迎え。『銀河鉄道999』『宇宙海賊キャプテンハーロック』を生み出された漫画家・松本零士さんはかつて小倉に居住されていたことがあり、北九州市漫画ミュージアムの名誉館長でもあります。

現在北九州の推計人口は約95万6772人（2016年10月）と四捨五入したら百万です、かろうじて。対して同時期の福岡市の推計人口は155万3607人……え。155万人⁉

いつの間にそんなに差が開いちゃったの？

リアルタイムで調べながらこの原稿を書いていますが、今わかりました。悔しくはないけど、ちょっぴり意識しています。なんだろうこの気持ちは。学生時代に成績トップを争った学友と大人になって再会したら、もはやライバルとは呼べぬほど社会的に差をつけられていた、という感じでしょうか。

それで気づいたことがひとつ。大阪、名古屋、神戸など多くの都市が〝東京〟を意識するなか、北九州にはそれがあまり見られません。同じ県内に、ある意味リトル東京のような福岡市があるから。私もそうでしたが、若者に関しても北九州からいきなり上京するのではなく、まずは福岡市っていう子がけっこういます。福岡市ならだいたいのものは揃っていますしね。北九州ほどではないにしろ、東京に比べたら物価も安い。根底の気質は似たようなものですから打ち解けるのも早いです。

そんなこんなで北九州には、**〝とりあえず福岡でいいんやない？〟**というひとつの基準があります。そういった理由からことさら東京を意識しないのかもしれません。

福岡市と北九州市は普通電車で約1時間半、快速でも約1時間かかります。

思ったより離れているけど、何かあればすぐ帰れる距離。シャイな北九モンが親元を離れて生活するにはちょうどいいぐらいの距離でもあるのです。

4　日本三大都市は「東京、大阪、福岡」でいいやろ

当然ながら北九モンには福岡県民としてのプライドもあります。ですから、同じ県内の福岡市がどこかよそのまちと比べられるようなことがあれば、やはり福岡市を応援します。「うちんだんのまち（北九州）とは色が違うけど、福岡市も相当いいまちやけね～」と思っているからです。

さて、けっこうな大人になってからのこと。

あるテレビ番組で「日本三大都市は？」というクイズが出題されました。

なんの迷いもなく自信たっぷりに、私はテレビに向かって答えました。

「東京、大阪、福岡！」

いやいやいや、冗談言っちゃいけないわよ。間違えようがないじゃない。この3つの他にどこがあるってのよ？

ものすごーく誇らしげな顔で司会者が正解を発表するのを待っていると……いったいどうしたことでしょう。信じられない答えが返ってきました。

「正解は、東京、大阪、名古屋」

え。

名古屋？

えびふりゃーと味噌煮込みうどんが主食のあそこ？

「行きたくない都市」ダントツ1位（2016年名古屋市観光文化交流局調査）に輝いたあそこ？

まさか……ないない。きっとなにかのギャグだわ。どう考えても日本三大都市は東京、大阪、福岡しかないじゃない！

東京、大阪は全国的にみんなが認める大都市です。この2都市に異論がある人はいないでしょう。が、しかし、3つめが名古屋って。よりにもよって名古屋って。大阪と東京の間にあるだけじゃん。なにそれ三大都市って位置で決めるの？

これはもう何かの陰謀としか考えられません。

おかしい。ぜったいにおかしい。


正解はさておき、翌日私は福岡出身&在住の友人に片っ端から電話アンケートを敢行しました。

——日本三大都市は？

東京、大阪、福岡！

男女問わず9割の人が自信たっぷりにこう答えました。あたりまえですよ、だってそうだもの。

「東京、大阪、横浜？」

こう答えた人が一人だけいましたが、彼女はきっと横浜銀蝿の熱烈なファンか、横浜中華街に魅せられた人間なのでしょう。名古屋よりは納得がいくのでヨシとします。

他には「東京、大阪、札幌」「東京、大阪、仙台」、なかにはまんまと正解するとぼけた輩もいたりしたけれど、とにもかくにも福岡人のほとんどが日本三大都市のひとつが「福岡」であると信じて疑わないことを確信できました。

▼それぞれの三大都市

この日本三大都市問題はネットでも大論争を巻き起こしたようで、さまざまな意見がネット上に残っています。

福岡人の言いぐさとして私がいちばん腑に落ちたのが、

「**他県的には、東京、大阪、名古屋らしいね**」というコメントです。言いかえますと、

「ふむふむ、なるほど。他の県の人たちはそう思っているのね」ということ。

つまり、これは見解の相違であり、福岡県民のなかでは「東京、大阪、福岡」が正解だということです。

なんと謙虚な姿勢でしょうか。

あと1都市が名古屋だろうと横浜だろうと札幌だろうと、それは人それぞれだからしょうがないよね。それぞれの三大都市があっていいよねという自由な発想です。

そこにはもう、経済がどうとか、人口がどうとかいう七面倒な理屈はありません。祭り好きな福岡県民は理屈じゃ動きませんから。いたってシンプル。己が感じることがすべてです。

というわけで、本書的日本三大都市は東京、大阪、福岡で決定です。ってことでどうかひとつよしなに。

5　九州はみな親戚

九州内では福岡県がもっとも本州に近いうえ、いちばんの都会ですからね。なんとなく九州のリーダーという顔をしています。そのなかのナンバー1が福岡市、ナンバー2が北九州になるわけですが……。

あ、いけません。さきほど福岡市をライバル視していないと書きましたが、〝ナンバー2〟と記した途端、やたら悔しくなりました。福岡市に住んどる北九モンのみんな！　今すぐ帰ってきて!!

福岡市の良さ・すごさを認めてはいても、はっきり順番をつけられるとメラメラ闘志が燃えてくるのは、なにかと順番をつけられて育った昭和の競争世代だからでしょうか。それとも負けず嫌いな北九モン気質から？

まあ、いいです。ライバル視はしていないが、ナンバー2には納得がいっていないってことで、とりあえず話をすすめます。

▼北九州からみた九州他県

北九州からみた九州他県のお話です。

大分、熊本、佐賀、長崎、宮崎、鹿児島はいずれも観光で行くところというイメージです。

ただ、福岡県在住でもご両親のどちらかが九州他県出身だったり、おじいちゃんやおばあちゃん、あるいは親類縁者が住んでいたりするケースもすごく多いですからね。関わりがなくとも、赤の他人とはとても思えません。〝親戚〟というか、何かとても近しい存在であることはたしかです。

たとえば、

大分は温泉で癒してくれるやさしいお母さん。

鹿児島はときに厳しく叱ってくれるお父さん。

宮崎はおおらかで酒飲みなおじさん。

熊本は男を追いかけて出て行った情熱的なお姉さん。

長崎はいつも興味深い話を聞かせてくれるハイカラなお兄さん。
佐賀はすみません、ときどき存在を忘れてしまう従兄弟ってな感じ。
あ、これらはすべて私の主観ですから、真に受けて怒らないでくださいね。

私が通っていた福岡市内の短大には九州一円から生徒が集まっていました。前述したイメージは、そこで出会った友人らのイメージが少なからず影響しています。人すなわち土地柄ですからね、やっぱり。

大分には親戚も住んでいますすし、父の友人が耶馬溪というところにいたので、小さな頃はよくしいたけやたけのこを獲りに行っていました。かやぶき屋根の家、囲炉裏、満天の星空。子どものころは不便すぎてあまり馴染めませんでしたけど、今なら毎月でも行きたい癒しの場所です。

短大で出会った大分の子もやっぱりやさしくてのんびりしていました。あのホンワカした雰囲気はどう考えても温泉のめぐみです。実物はかわいいのに写真うつりがとても悪く、みんなに「表情ブス」などとからかわれていましたが、怒ることもなく。入学式に上下ジャージ姿で現れた広島出身女子の表情指導を真面目に受けていました。

話は九州から飛び出しますが、**広島**の子はやっぱり怖かったです。菅原文太さんでおなじみの「じゃけんのう」を、まさか女子も使うとは！　しかも自分のことを「わし」って。ひょっとすると彼女が特殊なのかもしれませんが、彼女がひとこと喋るたびに私の脳内で映画『仁義なき戦い』が再生されるという……。

「わしゃあ、われの命もらうも虫歯抜くも同じことなんで」

ひぃっ〜！

広島に比べたら、北九州の方言なんて赤ちゃん言葉みたいなもんだなあと思ったあのころの私です。

すみません、話を九州に戻します。

鹿児島は西郷（隆盛）どんがいますからね。なんか濃いです。眉毛が濃い人も多い印象です、知らないけど。

鹿児島といえば桜島なのですが、同じ九州でも福岡と鹿児島はかなり離れており、桜島の存在をリアルに感じていませんでした。鹿児島出身の友だちができ、鹿児島ではほんとうに「灰が降る」ということを知ったときの驚きたるや。

しかも彼女はそれを迷惑そうには語らなかった。まるで「うちのカミナリオヤジがたまに癇癪起こすもんでねえ」的な愛を感じたのが印象に残っています。たぶん鹿児島には家族を大事にする強いお父さんが多いんだろうなと思った瞬間でした。

熊本は違う意味で濃いです。いや、熱いという表現のほうがぴったりかな。熊本の女性は同じ女性でもちょっと引くほど情熱的という印象です。〝火の国〟という言葉がぴったりです。惚れたおなごを抱きたきゃ、火傷覚悟で抱きなさい。

坂本冬美さんの「火の国の女」という歌にこんな内容の歌詞がありますが、これ、話を盛っているわけでもなんでもなく、ほんとうのほんとうにその通りなんです。

短大時代に仲良くしていた熊本出身のN子。

パッと見おとなしそうで真面目な印象を受けるのに、こと恋愛となると溶鉱炉の炎のごとく相手を飲み込もうとするからたいへんです。男性が浮気などの裏切り行為に出た場合、命がけの修羅場になることが多く。またなぜかそういう現場をいちいち目撃してしまうのが私の不運なところで……。北九女が怖いといっても、熊本女の情念には到底かなうはずもないと、わけのわからない敗北感に襲われたのを今でもはっきり覚えています。

宮崎はなんだかあったかいイメージです。

海、青空、フェニックスの木！　その昔、宮崎にハネムーンに行くことがステータスだった時代があると聞きました。きっと日本のハワイだったんだと思います。

南国ですからね。言葉ものんびり、おおらかな気質の人が多いのではないでしょうか。

控え目というか、福岡県民のように目立ちたがり屋ではありません。ただし、鹿児島と並ぶ焼酎のまちですからね、お酒を飲めないと生きていけない気がします。そういった意味では北九モンとの相性はいいかもしれません。

長崎はとにかく坂が多い。疲れそうなのでぜったい住めないけど、観光地としては最高に刺激的です。私もよく行きました。

古くは外国貿易で異人さんもたくさんいらっしゃった土地ですからね、北九モンよりさらに開放的で新しいもの好きなんじゃないでしょうか。美男美女が多いのも特徴です。

佐賀に関しては微妙です。呼子へはよくイカを食べに行っていましたが、市内には一度しか行ったことがありません。はなわさんが「佐賀県」で歌った通りの街でした。特別な用事でもない限り、わざわざ訪れる人は少ないでしょう。気分的に遠い街です。

しかしながら、佐賀出身者はいい人が多いです。頑固な面もありますけど、それもこれも真面目さゆえですから。

「佐賀インターナショナルバルーンフェスタ」という強力な武器を持っています。うらやましい！

方言は南に行くほど強くなる気がします。ただ、どこへいってもお年寄りが話す本気の方言は難解です。

熊本の友人の実家では、おばあちゃんが言っていることがまったくわからず、友人に通訳をしてもらってやっと話せたぐらいです。

鹿児島のお年寄りの方言はさらにすごいと聞いたことがあります。アンビリーバボー九州ですね。いつかくまなく旅して歩きたいものです。

他地方、特に関東以北の人にとっては福岡も大分も熊本も〝九州〟ってことでひとくくりでしょうが、それぞれ個性が異なりますし、どの県も譲れないプライドを持っています。

子どもの頃、埼玉に住んでいた叔母が私のことを「九州の姪っ子」と呼んでいたことを思い出すと、いまだにモヤモヤした気持ちになります。

九州でひとくくりにするのはやめてください。

第2章
解いておきたい、その誤解

1 「ばい」も「たい」も言わんけね

武田鉄矢さん、鮎川誠さん、博多華丸・大吉さんなど、福岡をこよなく愛する福岡出身の芸能人のみなさまのおかげで福岡弁もようやく全国区になりつつあります。

大阪弁ほど認知度は高くありませんが、「よかろーもん！」と叫んでも「ぷっ、なにあの田舎者」とは笑われなくなりましたし、「好いとうよ（好きだよ）」にいたっては多くのかたからリクエストをいただくほどかわいい方言だと評判です。ただ、残念なことに有名になったのは博多弁を主とした福岡弁で、北九州弁ではありません。

これには弊害もあって、福岡出身というと、「福岡弁好きなんです。喋ってみてください！」

なーんて言われることもあります。そういうとき相手は何を期待しているかというと、「今日はよかお天気たい。バーベキュー日和じゃなかね。うまか肉でも買（こ）うて来るばい！」（今日は良いお天気ですね。バーベキュー日和じゃないですか。おいしいお肉でも買いに行きましょう）的なコテコテの博多弁です。

いやいやいや、北九弁はそんなに訛ってませんから！

え？　北九州弁と博多弁は違うの？と、びっくりされた人も多いかと思います。ええ、その通り。**まったく違います**。

福岡の言葉としてテレビから流れてくるのがほとんど博多弁なので、福岡の人はみんなあんな言葉を使うと思われているだけです。

はじめて「これが北九弁だ！」という喋りがテレビから流れてきたのは、15年ぐらい前でしょうか。お笑い芸人の**ロバート**さんたち（秋山竜次さん&馬場裕之さんが門司区出身）の言葉に、聞き慣れたイントネーション&語尾を見つけたときは「おおおおお！」と小躍りしたものです。

▼博多弁と北九弁はどこが違うのか？

九州という根っこは一緒なので〝通じない〟ってことはありません。ほぼ同じというものもありますし、自分たちは使わなくてもお互いの方言をほぼ理解できます。

ただひとつ、全国的な誤解を解いておきたいのは、**北九州は「ばい」も「たい」も「よか」も**

ほとんど使わないということ。「ばい」と「たい」に関しては一部地域では使うこともありますが、博多華丸さんが使って好評価の「よかろーもん！」や「よかよかー」を使う北九モンはまずいません。

違いの筆頭はやはり**語尾**でしょう。たとえば「ちゃ」と「ちゃん」。

福岡では知らない人がいないハウスのインスタントラーメン「九州の味ラーメン うまかっちゃん」。「うまかっちゃん」とは博多弁で「おいしいんだよ」という意味になりますが、北九州では「うまかー」とも言いませんし、「ちゃん」ではなく「ちゃ」で終わります。つまりこれを北九弁になおすと「おいしいっちゃ」あるいは「うまいっちゃ」になるわけです。

イントネーションも微妙に違います。本州に近いせいか北九弁はかなり標準語に近く、上京しても馴染みやすい。よほどの方言をかまさない限り、九州出身だとバレることも少ないと思います、たぶん。その点博多弁のイントネーションは癖が強いですから、標準語を喋っているつもりでも九州色がでてしまいます。

だからって気をつけることもないんですけどね。

福岡県民は総じて地元意識が高く、方言に対するコンプレックスは少ないと言われているぐらいです。もともと隠すつもりもないでしょう。せっかくのお国言葉ですから、がんがん使っていけばいいんです。

2 寒くてごめんね、北九州の冬

九州はどこも暑い！　九州以外にお住まいの人はほとんどそう思ってらっしゃると思います。たしかに北九州の夏は暑いっちゃあ暑いんですが、日本海側ですからね、他地域の日本海側と同じで、大陸からの寒気が入ってきますから、冬はそれなりに寒いです。雪だって降ります。

夏の暑さも九州独特という感じではないかもしれません。個人的には東京の夏のほうがクラクラするかも。

東京にはアスファルトの照り返しとか、エアコンの室外機とか、夏にうなされる人々の狂気とか、都会熱みたいなものがあるような気がします。逃げ場がないというか、追い詰められて人がちょっとおかしくなる感じ。

流行り歌でいえば、中原理恵さんの「東京ららばい」が似合う暑さ。それが私の感じる東京。湘南の夏にはチューブとかサザンとか、似合いますしね。

では、北九州の夏には……あー、だめだ、「**北九州音頭**」が出しゃばってきて流行り歌など思い出しもしません。

「ささ、百万、心はひとつ～♪」

祭り好き体質に盆踊りの歌がしみ込んでいます。

人口は百万人を切ったけど、まあ、だいたい百万ぐらいだし、なによりやっぱりこの歌を聴くとテンションがあがります。三つ子の魂百までとはよく言ったもんですよね。っていうか、この曲、なーんと江利チエミさん歌唱なんですよ！　すごいやろ？

などというお国自慢はこのくらいにして、北九州の冬は寒いよというお話。

北九州を離れて二十数年。何を隠そう、私自身冬場の帰省経験がほとんどありません。だいたい春から夏に1～2度、秋にもう1度というペースでしょうか。真冬にはなるべく帰らないようにしています。

普通に寒いし、帰るとなるとコートとかブーツとか防寒着も詰め込まなきゃならないので大荷物になるし、帰省メリットがあまりないんですもん。

こんなことは地元民ならみんな知っていることなんですが、外から見ると〝九州〟っていうだけで暖冬を想像されるようで。数年前、驚いたというか、なんだか申し訳ない気持ちになった出来事があります。

映画『ロボジー』（2012年）の公開にあわせた監督・脚本の矢口史靖さんの講演でのこと。

まず、ご覧になってないかたのために『ロボジー』のあらすじを少々……。

ある会社の技術者たちが、たった3カ月で二足歩行型ロボットを作るよう社長に命じられます。ところが発表の1週間前にロボットが壊れてしまい、解雇を恐れた技術者たちはロボットの外装の中に老人を入れてなんとか乗り切ろうとする……というドタバタ・コメディー。ホロリとくる人情シーンもあり、めちゃくちゃおもしろい映画だったのですが。さらに！　ロケ地が北九州ってことで北九モンにとってはお楽しみ倍増だったわけです。

で、このロボットの中に入る老人を演じたのがミッキー・カーチスさん。

撮影は真冬だったけれど、「九州だし、暖かそうだから大丈夫だろう」と矢口監督は楽観視していたそうです。

ところが、ふたを開けてみると気温マイナス2度。「え、九州なのに？」とめちゃくちゃ驚いたとか。

しかも主演のミッキーさんは金属製のロボットの中ですからね、風は避けても冷たさは伝わりやすいはずです。そんななか全身タイツ一枚のミッキーさん。セリフを言うときに息が白くなるのを防ぐため、氷水を口の中に入れて撮影されたというんですから地獄です。これはもう命がけといっても過言ではないくらいです。無事撮影を終えられてほんとうによかった。

矢口監督の講演を拝聴しながら、「九州なのに寒くてごめんなさい。あたかも暖かそうな顔をしていてごめんなさい。でも、これだけは信じてください。だますつもりはなかったの！」と、心でつぶやきつづけた私でした。

JR 門司港駅にて。映画『ロボジー』ロケより。　© KFC

3　修羅の国上等！

毎年成人式から数日間、ネット界隈が北九州の成人式の噂話で騒々しくなります。見ようとしなくても、ツイッターやフェイスブックでふるさとの成人式画像が流れてくるんですから。誰の仕業か知りませんが、ありがたいことです。

こんなことを言うと、悪いことで目立ってうれしいの？という声があがりそうですが、どちらかというとうれしいです、個人的には。実はあの成人式をそんなに恥ずかしいと思っていません。北九の若者は相変わらずにぎやかしいね〜、と、ちょっぴり微笑ましく見ています。

「そんなに元気がありあまっているなら、おまえらみんなで山に行ってイノシシ狩りでもしてこい！」などと北九州出身の友人らとふざけて言うことはありますが、これも裏返せば「うんうん、元気でよろしい」という愛情表現です。

▼金銀の袴や花魁などの衣装

そもそも福岡県民はミーハーで目立ちたがり屋です。この気質にこれまた眉をひそめる人も多いのですが、ミーハーで目立ちたがり屋じゃなかったら、福岡県はこれほど多くの芸能人・有名人を輩出していないでしょう。

賢明なみなさまはよくご存じだと思いますが、テレビやネット等で取り上げられるような派手な衣装を着ている成人はほんの一握り、数パーセントです。テレビやネット動画は、絵になる、インパクトが強いものしか使いませんから、あたかも北九州の若者はみーんなあんなふうみたいに映されていますが、どう考えてもそんなはずないし。ごく一般的な振り袖、袴、スーツの成人が圧倒的に多いに決まってるじゃん。実際見た人によれば9割以上が一般的な衣装だそうです。

この比率がもし逆だったら「うおお、さすが修羅の国！」と言われても仕方ないし、むしろ「どうだ、まいったか！」といった気持ちにもなるんでしょうが、ごく一部ですからねえ。実態を知っている者としましては、なんだか微妙な気持ちになります。

金銀の袴や花魁などの派手な衣装を準備できる貸衣装店が北九州の小倉にあるということで、北九の若者にとってド派手衣裳はある程度身近なのかもしれませんが、だからといって「これが北九州の成人だ！」と言えるほどの個性とも思えません。

あの衣裳に関する問い合わせ自体は日本全国津々浦々からあるらしいので、なんだかんだ言いながらみんなけっこう興味あるんじゃん！と思ったりもします。っていうか、一定数の若者は、20歳の記念にああいった形で自己主張をしたいと考えているということでしょう。そりゃあさ、いろいろな子がいて当然ですよ。

実際私が今成人式を迎えるとしたら……花魁の衣装を着ない自信がありません。いや、むしろ積極的に着るでしょう。花魁とはなんぞやということを知らなくても。

そうはいっても花魁5人組とか、グループでお揃いの紫袴なんて没個性だ！とか良識ある大人たちは言っちゃうわけですけども、数が多いほうが目立つじゃん？　事実多くの人がうっかり注目しているわけですから。目立ちたがり屋としてはそれで充分です。

ネット界隈で大騒ぎしている匿名の人たちも同じじゃないですか。そもそも興味がなかったら騒がないですもんね〜。

あの衣裳を見て「お！」とか「あ！」とか良い意味でも悪い意味でも何かしら心が動くわけでしょ？　なんらかの琴線に触れているんですよ。素直になればいいのに。Ｙｏｕたちも修羅っちゃいなＹＯ！

いずれにしろ騒がれることは、北九モンとしては願ったり叶ったりなわけで。「ふうん」なんてスルーされちゃうよりだんぜんイイ！

ほら、よくあるじゃないですか。「いい人なんだけど恋人にはちょっとね〜」みたいな話。そんな中途半端な存在にはなりたくないんですよ。

そういった意味でも北九州の成人式は、目立ちたがり屋さんたちの一世一代の見せ場となっているのです。

▼ちゃんと空気も読んでますから

ただ誤解してほしくないのは、派手な格好をしていますが、彼らは決して暴れん坊ではないってことです。成人式を邪魔しようとか、社会に反抗しようとか、そんなだいそれた気持ちはみじんもないと思います。ありし日の学生運動のように社会に向けて何かを発信するような大志もあるとは思えません。あくまでも子ども時代にケリをつけるための儀式であり、祭りなのでしょう。

式典に出席する他の成人たちの邪魔にならぬよう、会場には入らず仲間内で騒いでいるグループが多いということからも、彼らが場をわきまえていることはわかります。

ちゃんと空気を読むんだって、北九モンは。

会場の外でなにやらしきりに叫んでいるようですが、「小倉!」とか「若松!」とかの地名だったりもするみたいで。もともとは区単位で行なわれていた成人式が市内で一斉に行なわれるようになったから、自分たちの出身区を主張しているのかと思いきや……。

「小倉、門司、八幡、戸畑、若松!」とすべての区を並べて叫ぶ子たちもいるらしく。

ああ、この子たちなりに自分たちが育った北九州へのお礼を言っているのねと勝手に感心したりもしています。ほんとうか?

感心するのはもうひとつ。

それらの衣装を借りるために、たった1日光り輝くために、彼らはあくせく働いて貯金をしているんです。働きアリも顔負けの努力じゃないですか。

一般的に成人式の衣装代は親持ちが多いんでしょうが、さすがにこの衣装では親も顔をしかめるとわかっているのでしょうね。自腹で借りる子が多いようです。なによ〜、好感度高いじゃないの〜。

そんな若者事情を考慮してか、祭り好きな北九モンの気質を反映してか、明確な理由はわかりませんが、数年の間は「成人式」ではなく「成人祭」となっていたようです。

それがどうしたことか、「成人式」に戻っている……なぜだろう、なぜちょっとショックなんだろう。

「成人祭」になっていると聞いたとき、さすが掟破りの我がふるさと！ 時代に合わせて大胆不敵な変化をしよる！と変な感心をしたんですよね。それが普通に戻っちゃったことの寂しさでしょうか。

こんな寂しさを持つこと自体、北九モンの血なのかもしれませんが。

第3章
北九モンの正体

「北九州にもよいところがある。任侠の精神が流れていたことだ。反権力、あるいは反骨といっても唯々。その精神が生活をむなしくしないため一声をあげる。それは日本の批判でも、祭りや踊りの声でもいい。そこで文化が生まれれば、心の交流が広がる」

戸畑生まれの詩人・宗左近氏（1919～2006年）が西日本新聞掲載「私の九州論」のなかでこう綴られていたそうです（「とびはたものがたり」より大意）。

大辞林によると〝任侠〟とは「弱い者を助け、強い者をくじき、義のためには命を惜しまないという気風。おとこぎ、おとこだて」のこと。

この一文を読んだとき、理屈ではなくストンと腑に落ちました。

これこそが北九モンの正体であり、誇るべき心意気なのだと思います。

1 「無法松の一生」と「花と竜」

小倉生まれで玄海育ち
口も荒いが気も荒い

1958年に発売された村田英雄さんのデビューシングル「無法松の一生」の一節。1975年には紅白でも披露され、日本中のお茶の間に無法松の男粋（意気）が届きました。

当時のヒット曲は子どもも口ずさみましたから、「無法松の一生」という物語を知らなくても、無法松という人物の人となりはなんとなくインプットされたのではないでしょうか。

サビはもちろん、冒頭からインパクトの強い名曲です。そのせいか小倉と聞くと自動的に〝無法松〟をイメージし〝口も荒いが気も荒い〟というフレーズがツラツラと流れ出していたのでしょう。時間経過とともに**小倉＝〝気が荒い〟という直結イメージ**だけが生き残ってしまったような気がします。

でもね、みなさんちょっと待ってくださいよ。

「無法松の一生」は映画化・ドラマ化もされたヒット作です。映画でも小説でもいいからちゃんと見るなり読むなりしてくださいよと、北九モンとしては思うわけです。

▼無法松の一生

無法松とは、小倉を舞台にした岩下俊作さんの小説『無法松の一生』（1938年）の主人公・富島松五郎の通称であり、北九州を象徴する愛すべきキャラクターです。

無法松は自分が悪いと思えば潔く謝るし、困った人を見たら放っておけないやさしさも持っています。おまけに好きな女性の前では頰を赤らめるほどシャイ。竹を割ったような性格で人情味にあふれた愛すべき男性なんですから。

そこんとこ見落としてはいけません。世間のみなさまが「かっこいい！」「しびれる〜！」「その男気に泣ける〜」と感動してこそのヒットです。

ってことはですよ。北九気質を世間のみなさまがお認めになった、あるいはお認めになった時期があるということですよね。

「北九州は無法松だらけ」などと揶揄する人もいますが、実はそれ最高級の誉め言葉ですから！

▼花と竜

一方、北九州（主に若松）を舞台にした火野葦平さんの小説『花と竜』（1952年4月〜1953年5月まで『読売新聞』に連載）も、映画化・ドラマ化されたほどの人気作です。

火野さんの父・玉井金五郎と妻のマンをモデルにした物語ではありますが、石炭で沸き立っていた当時の北九州の様子がよくわかるというか。石炭で一発当てようとか、名を上げようという血の気の多い男たちがあちこちから集まっているんですから、そりゃあ気も荒くなるだろうし、ケンカも起きるわよねと、なんだかすごく納得した作品でもあります。

主人公の玉井金五郎さんをはじめ、私の大好きな吉田磯吉親分も登場します。ケンカもたくさん起きますが、見どころはそこじゃなくて、ケンカの理由と立ち向かい方、つまり窮地に立たされたときに見せる男気、心意気なんだと思います。

「無法松の一生」と「花と竜」に代表されるように、北九州は心意気を大切にしてきたまちです。ケンカするとかしないとかは表面的なことにすぎません。そんなＤＮＡが脈々と受け継がれていくことを願ってやまない私です。

2 「卑怯者」は禁句

気は荒いが人が良い、意外と空気も読んじゃうよ。他文化や異文化、自分とちょっと違う人もウエルカム。わりとなんでもこいというか、超アバウトな気質も持っていますよーという北九モンのお話をさせていただきました。

これまでお話ししてきたように、北九モンは謙虚なうえに身の程も知っているので、「修羅の民」とか「田舎モン」とか「頭が悪い」とか「お前のかーちゃんでーベーそー」とか、どちらの何様だかわからない人たちからあれこれ蔑まされてもそんなことでいちいち腹を立てません。

へへっと照れた笑いを浮かべるか、ちらっと睨んですませるぐらいのおおらかさが北九モンにはあります。いや、違うかな。そんな悪口ぐらいじゃビクともしない、なにかもっと大きな柱というか「ここを死守できたらよし！」みたいな砦があるような気がします。

北九モンがぜったい貼られたくないレッテル。それは「卑怯者」です。

世の中には善悪をつけがたいことがたくさんあります。こっちからみれば悪でもあっちから見たら善かもしれない。そんなことがあふれています。

ですが、卑怯な行ないだけは悪です。絶対悪です。少なくとも北九モンにとっては許しがたい行為です。

卑怯と言われるぐらいなら、ちょっとぐらい理不尽なことにも耐えてしまう。それが北九モンです。

バカでいい、恥じるな。
短気でいい、まっすぐ怒れ。
ヤンキーでいい、堂々とやれ。

喧嘩上等！　ただし1対1。

もちろん親はこんなことを教えません。成城あたりにお住まいの上品な親御さんと同じく、清く正しく美しく、知性と教養を身につけなさいと教えているはずです、たぶん。

誰に教えられたわけではありません。北九州というまちから漂う空気が指し示している信条です。逆にいうと、この信条こそが気が荒い北九モンの言動を制御し、また鼓舞している気がします。

たとえば……。

ちょっとバカにされたぐらいで怒るのは肝っ玉の小さい卑怯者のやること。「バカっち言うモンがバーカ（バカと言う人がバーカ）」ぐらいの気持ちで放置しておこう。

電光石火で怒ってもいいが、火の粉を無関係な人にまき散らさないよう、まっすぐダイレクトにぶつける。

ずるい根回しをしたり、陰でこそこそ誰かの邪魔をしたり、誰かの足をひっぱったり、そんな格好悪いことはぜったいにしたくない。正直に生きろ。

黒い気持ちがないとはいいません。なかには卑劣な行為にでる人もいますし、そうしちゃいたいという気持ちも人間ですからあります。けど「それをやっちゃあ、おしまいよ」というブレーキを持っているということです。

あ、これはなにも北九モンは人の邪魔をしないと言っているんじゃないですよ。邪魔をするなら正々堂々とやります。そうあらねばならぬと思っています。

賢い人なら陰に隠れてやるであろうことを、正面切って堂々とやってしまうので、どうしても頭の悪いバカちんに見えてしまいます。不器用といえば不器用ですが、曲げられない信条なので仕方ないです。

自らケンカを売ることは少ないですが、売られたケンカは必ず買います。逃げるのは卑怯ですから。仕返しもしますが、恩返しも忘れません。

つまり、ケンカを売りさえしなければ、こんなにわかりやすい人たちはいません。単純で心根のやさしいイイ人として長いおつきあいができます。

どうか末永くよろしくお願いします。

3　北九女は気が強い？

最初に言っておきます。

この世に気の弱い女なんていません。

けっこう長く生きていますが、そんな女には会ったことがありません。

女性のみなさん、これまでの人生で出会った女たちを思い返してみてください。ほんとうに気の弱い女なんていたでしょうか？

いないですよねえ。いちいち涙ぐむ、やたら身体の線が細い、いつも俯いている、朝礼でこれみよがしに倒れるなどなど、〝気の弱いフリをしている〟もしくは身体が弱いため〝気も弱そうに見える〟女ならワンサカいますけどね。

男性はこういう女性を見ると「俺が助けてやらねば！」などと、うっかり騙されちゃうんでしょうけど、同性の目はごまかせません。ごまかされるものか。

男性のみなさん、いいですか？

いませんよ、気の弱い女なんて。そんなものは神話です、都市伝説です。

ただし、身体の弱い女性はいます。それは気遣ってください全力で。

「いやいや、うちの女房は俺が何を言っても決して言い返さないし、ただ泣くだけの気の弱い女だよ」なーんて得意げに言っているそこのあなた、そもそも人前で恥ずかしげもなく〝泣く〟という行為自体がすでにだいぶ気が強いですから。泣かない女＝強い、線が太い女＝強いっていう思い込みをそろそろやめてもらえませんかねえ。涙を流さずとも心でしくしく泣いている女もいるんですから！

などという私怨めいた愚痴はこれぐらいにして、北九州のお話に戻りましょう。

▼北九女は（やはり）気が強い

北九モンは気が荒いというお話をしてきました。表に出すか出さないかは別にして、この件に関しては世間一般のみなさまが持っているイメージ通りだと思います。

気が荒いうえに短気だし、喧嘩早い。義理人情を重んじて……とまあ、このあたりの気質は〝九州男児〟という言葉でかなり浸透していると思いますが。

ただ、「九州男児」という言葉があまりにも一般化しすぎて、陰に隠れてしまった九州女の気質があります。

九州女は総じて気が強い。これは前述した〝女はみんな気が強い〟に＋αされたその地特有の強さがあるということです。同じように、東北には東北の、関東には関東の女ならではの強さもあると思います。

九州の場合は、やりたい放題な九州男児を支えるために我慢強くなった女たちといえばわかりやすいでしょうか。

なかでも北九女の気の強さはかなり尖っているかもしれません。九州男児の中でも気が荒いといわれる北九男を支えてきた女たちですから、強くならなきゃ生きてこられなかったんでしょう。

短気な男たちをいさめる立ち位置にありますので、我慢強くなくてはなりません。いざというときには身体を張ってでも男たちを止めてきたのでしょう。いったん怒ると電光石火、後先も前後も見境なく己の正義を貫こうとする傾向があるように思います。

これはもう本人の意思に関係なく遺伝子に組み込まれているものですから、自覚はありません。まわりもだいたいみんな似たような気質ですし、「北九女は気が強いってね」と言われても「え？

そんなことないよー」と、悪気なく答えます。

私も普段怒ることはほとんどありません。だいたいのことは「まっ、いっか」で済ませちゃうほうですし、誰かとぶつかったり、ケンカしたこともこれまでの人生で数えるほどしかありません。

▼あるエピソード

が、20数年前、自分というか、北九女の気の強さを自覚せざるをえない出来事がありました。

福岡市内に住んでいたころ、某大型スーパーに夫と買い物に行ったときのことです。

日曜日のため駐車場待ちの車が長蛇の列。30分ほど待ってあと3台ぐらいまでのところにきました。1台の車が出て行き、列の先頭車が空いたスペースに駐車するため発進しようとしたそのときです。

びゅーんと列を抜いて入ってきた車が1台。何事もなかったように空いたスペースに車を入れてしまったのです。つまり順番抜かしです。

待っている車に乗っている人はみんな「はあ?」ですよ。やっと入れると思っていた先頭車の人も怒り心頭のはずです。見てないけど。

むうう、許せん!

その割り込みを見た瞬間、私は助手席から飛び出していました。これね、頭で考えてないんですよ。反射的です。

そして、割り込みなどという卑劣なことをしたくせに、涼しげな顔をして車から降りてきた20代後半ぐらいの男性に向かって叫びました。

「ちょっと！　みんな並んどるのが見えんと？（並んでいるのが見えないの？）」

男性は不服そうに私を睨みすえています。こうなったらひるむどころか、そんな脅しには負けんけんね！（負けないからね）という不屈の精神がみなぎるのが北九女です。順番抜かし男から決して目をそらさず、「なんしよるん？　早く車を出しーよ！（なにしてるの？　早く車を出しなさいよ）」と詰め寄ったのです。

数秒の硬直状態のあと、恋人らしき女性を助手席に乗せていたその男性はきまり悪そうに、びゅーんと猛スピードで出て行きました。

「ばかたれが！」と心で叱り飛ばしつつ、その車を見送ったあと、私はにこやかに順番を抜かされた先頭車を誘導。何事もなかったかのように夫が待つマイカーに戻ったのでした。

ことの一部始終を茫然と眺めていた夫から「お前、なんしよるん？　おとなしい男やったけよかったけど、危なかろーが！」と叱られました。

私の夫も北九男ですが、冷静で気が長く平和主義という（北九州では）少数派民族なので、ヒヤヒヤしていたようです。

が、なにをおっしゃいますやらです。

私に言わせれば、あんな卑劣な行為を放置しておくほうがどうかしています。夫も夫ですよ。いくらマイカーを無人にできないとはいえ、ホントに心配なら私を救いに来たはず。かわいい妻（しかも新婚）をほったらかしにしていたくせに何を言うか！　野放しか！　北九女は野放しで平気とでもいうのか！

とまあ、ここまでが発端です。

後日この出来事を夫が同僚に話したところ、揃いも揃って「お前の奥さんは気が強すぎる」「そんな気の強い女は見たことない」「どうかしている」と呆れられたというのです。このとき主人の勤務地は博多。同僚たちは北九モンではありません。

いやいやいや、待ってくださいよみなさん。それ驚くようなこと？　普通ですって。こんなの人として普通の行ないですって。

こうなったら私のしでかした行動がごくあたりまえのことであると証明するほかあるまい。ってことで得意のアンケートをとったわけです。

ところが、福岡市内や九州他県出身の女友達はどいつもこいつも揃って、「そげなこと言いきらーん（そんなこと言えない）」と、かよわい女ぶりよる！

おかしい、そんなはずはないと北九州の友人3人ほどに電話。するとどうでしょう、全員が全員、「そんなん当たり前やん！　黙っとるほうがおかしいっちゃ！」との返答。

ほーらね、みんな同じことするやん。私が特別おかしいわけじゃない、普通なのよと胸を撫で下ろす反面、あーこれが北九女の気の強さか……と妙な納得をしたわけです。

頭にきたら後先考えず体当たり。イノシシ並みの単純さです。

ここではじめて北九女の特殊性に気づきました。それまで自覚がなかったんですよね、まわりがみんなそうだから。

追記。もうこんな瞬発力はないです。老いには勝てません。

4 夏中浮かれています

北九州といえば祭り、祭りといえば北九州です。

夏になるとそこいらじゅうでしょっちゅうお祭りをやっているので、好き云々よりカラダにしみついているんです、祭りの音色が。

今はどうかわかりませんが、私が学生のころは、山笠をかつぐ男子の学校の早退が許されていました。あれだけはほんとうに悔しかったです。なぜ男子しか山笠をかつげないのか、と。

うらみつらみはさておき、つまり北九州は夏中浮かれています。

では、夏の間、北九州で行なわれている祭&イベントの一部をご紹介しましょう。

▼祭り

○小倉北区

小倉祇園太鼓、小文字焼、藍島盆踊、小熊野川ほたる祭

○小倉南区

まつりみなみ、平尾台観光まつり、能行の盆踊り

○門司区

門司みなと祭

○戸畑区

戸畑祇園大山笠、飛幡八幡宮夏越祭、天籟寺の盆踊、とばた菖蒲まつり、鞘ヶ谷ホタルまつり

○八幡東区

前田祇園、前田の盆踊、枝光祇園、大蔵祇園、茶屋町祇園、中央祇園

○八幡西区

黒崎祇園山笠、八幡南お盆祭り・花火大会、折尾まつり、折尾神楽「夏越祭」、筑前木屋瀬祇園祭、畑祇園、本城西七夕ランタン夏祭り、香月・黒川ほたる祭り、撥川ほたる祭り

○若松区

若松みなと祭り、火まつり行事、小石ちょうちん山笠、竹並祇園、二島の祇園、脇田祇園

くきのうみ花火の祭典　© Koji Kobayashi

▼**花火大会**

くきのうみ花火の祭典（若松区・戸畑区）

関門海峡花火大会（門司区）

さらに、北九州市が一丸となって盛り上がる『わっしょい百万夏まつり』まであります。

こんなふうに夏の間中、北九州のどこかでなにかしらの祭りが行なわれているのです。夏祭りは主に7～8月ですが、祭囃子の練習音が聴こえはじめるのは、5月ぐらいから。つまり北九モンは1年のうちの1／4～1／3ぐらいの間、祭囃子をBGMに暮らしているわけです。

囃子のリズムは各祭りによって異なりますから、北九モンの身体にはそれぞれの地元の祭のリズムが刻みこまれています。

祭り好きというより、祭りは生きることそのものでもあるのかもしれません。

ところで、気づいていただけたでしょうか？

都市でありながら、北九州にはホタルが飛んでいる地域もあります！

工業と自然の共存にも注目していただけたら幸いです。

第４章
噂の検証

1　挨拶が馴れ馴れしい

「なんしよーん？」

これは「なにをしてるの？」の意であり、北九州の挨拶です。

「なんしよるん？」

「なんしよーと？」

「なんしよるんかちゃ？」

他にもいくつかのパターンがありますが、すべて同じ意味。アクセントは〝な〟にかかります。

どこかで偶然会ったとき、また久しぶりの友だちから電話がかかってきたときなど、北九モンの会話はここからはじまります。

「はい、もしもし」

「けめこ？　あんたなんしよーん？」

いやいや、今、あんたからかかってきた電話に出てますけど。

映画館で会っても「なんしよーん？」

スーパーで会っても「なんしよーん？」

唐突です。

唐突なうえに考えなしです。

映画館で会ったなら映画を観に来ているに違いないし、スーパーで会ったなら買い物しとるに決まっとろーが！ということです。なのになぜかみんな出会いがしらに「なにをしているのか？」と問うてくるのです。

たとえば私の帰省時。

キャリーバッグをゴロゴロひきながら地元駅の改札を出たところで、小学校時代の同級生にばったり出くわしたとします。同級生は「けめこ！」と叫ぶでもなく、「ひさしぶり」と感激するでもなく、開口一番こういいます。

「なんしよーん?」

北九州を離れて20年以上になる私は、少々面くらいながらもこう答えます。

「あ、今、帰ってきたんよ」

「そうなん！　ひさしぶりやね～」

と、ここから会話がはじまるのです。


懐かしい友だちとひとしきり昔話に興じたあとは、実家に帰って夕食です。鍋でもつっついていると、近所に住んでいる弟の子ども、つまり甥っ子が私の帰省を知らずに遊びにきます。

いきなり目の前に現れたたまにしか帰ってこないレアキャラな伯母を見て、甥っ子はちょっと構えます。瞳の奥に「おばちゃん、ちょっと見ない間にまた老けたね」という残念な光をたたえながら、それでも甥っ子は人懐っこい顔でこう聞きます。

「おばちゃん！ なんしよーと?」

おまえ今、おばちゃんまた老けたと思ったやろ？　もうぜったいお小遣いやらんけねという意地悪な気持ちを込めて、「見たらわかるやろ。ごはん食べよる」と答えてもいいのですが、私ももうだいぶ大人ですので悪い衝動を抑え「さっき帰ってきたとこよ」と笑顔で答えるのです。

こんなふうに「こんにちは」でも「おつかれさま」でもなく「なんしよーん?」からはじまる

北九州の会話。

転勤なんかで東京あたりから移住してきた人は「馴れ馴れしい」とか「詮索されているみたい」と顔をしかめることもあるようですが、ご心配なく。これ、ただの挨拶ですから。

しかも、「おはよう」「こんにちは」「こんばんは」「ひさしぶり」、電話なら「もしもし」までも包括するスグレモノですから。

2 石を投げたらヤクザにあたる？

とかく物騒なニュースが目立つ北九州。というか、わざわざ北九州の事件を全国ニュースにのせるわけですから、それなりに視聴者の目を引くものじゃないと成立しないわけで。このようなことからどうしても、みなさまの目に映るのは他の地域では考えられないレアケースが多いということになります。

ですから、他県の人から見れば北九州＝怖い事件ばかり起こるという印象が強くなっているのかもしれませんが。

実際、犯罪の数は福岡市のほうが多かったりするんですよね。ま、人口も多いし、街も大きいから仕方ないかもしれないけど。

そのせいか「北九じゃ石を投げたらヤクザにあたる」などの噂がまことしやかにささやかれて

います。こんなことを言うのはだいたい博多モンなんですけどね。

私も福岡市内の短大に入学した当初は、市内のシティガールたちからしょっちゅう訊かれました。

「ねえねえ、北九州っち石を投げたらヤクザにあたるんやろ？」

ハッキリ言います。あたりません。あたるはずないです。

たとえばですよ、日本には田中さんという名字がすごく多いです。クラスにだいたい1人、多くて2人ぐらい田中さんがいます。だからといって町なかで石を投げて田中さんにあたったことはないでしょう……いや、これはあたるかもしれない。

まあ、青春ドラマのワンシーンで海とか川に向かって石を投げるのはよく見ますが、それ以外で石を投げている人なんて見たことないですけどね。

実際、福岡県内にある指定暴力団数は全国トップの5つだそうで。あまりうれしくないナンバー1をいただいているのはたしかです。ただ、5つのうち本部が北九州にある組は1つ。1つなんですよ、みなさん！

まあ、1つあるだけでもじゅうぶん物騒でしょうが、だからといって「怖い街」というイメージを植え付けられるのもいかがなものか。そんなこと言いよったら、日本全国怖い街だらけになってしまうやん。

▼真面目に伝えておきたいこと

たしかに事業者襲撃など、北九州市内で暴力団による民間人を巻きこんだ事件がつづいたこともあります。

しかしながら、これを重く受けた福岡県警は2014年9月、小倉北署に福岡県警警察官の3割にあたる3800名体制の特別捜査本部を設置。全国から駆けつけた最大500名強の機動隊員による警戒活動を加え、前代未聞の捜査体制を敷きました。

県警本部長が「日本警察として正念場」（当時の報道より）と語られたように、並々ならぬ覚悟を持ってすすめられた、北九州市に本部を置く工藤會の壊滅作戦です。

その後、組トップおよびナンバー2や約200名の組員が逮捕されるなど、着実に成果をあげてきました。2014年以降、北九州地区での発砲事件はなし。工藤會の組事務所撤去も7件にのぼっているそうです（2014年9月以降）。

これにより2015年は過去最多の49人が県警支援により組を離脱。組織の弱体化が進んでいるといいます。引きつづき県警は、未解決事件の解明とともに組員の離脱と就労支援に力を注いでいく方針とのことです。

福岡県内暴力団離脱者数の推移

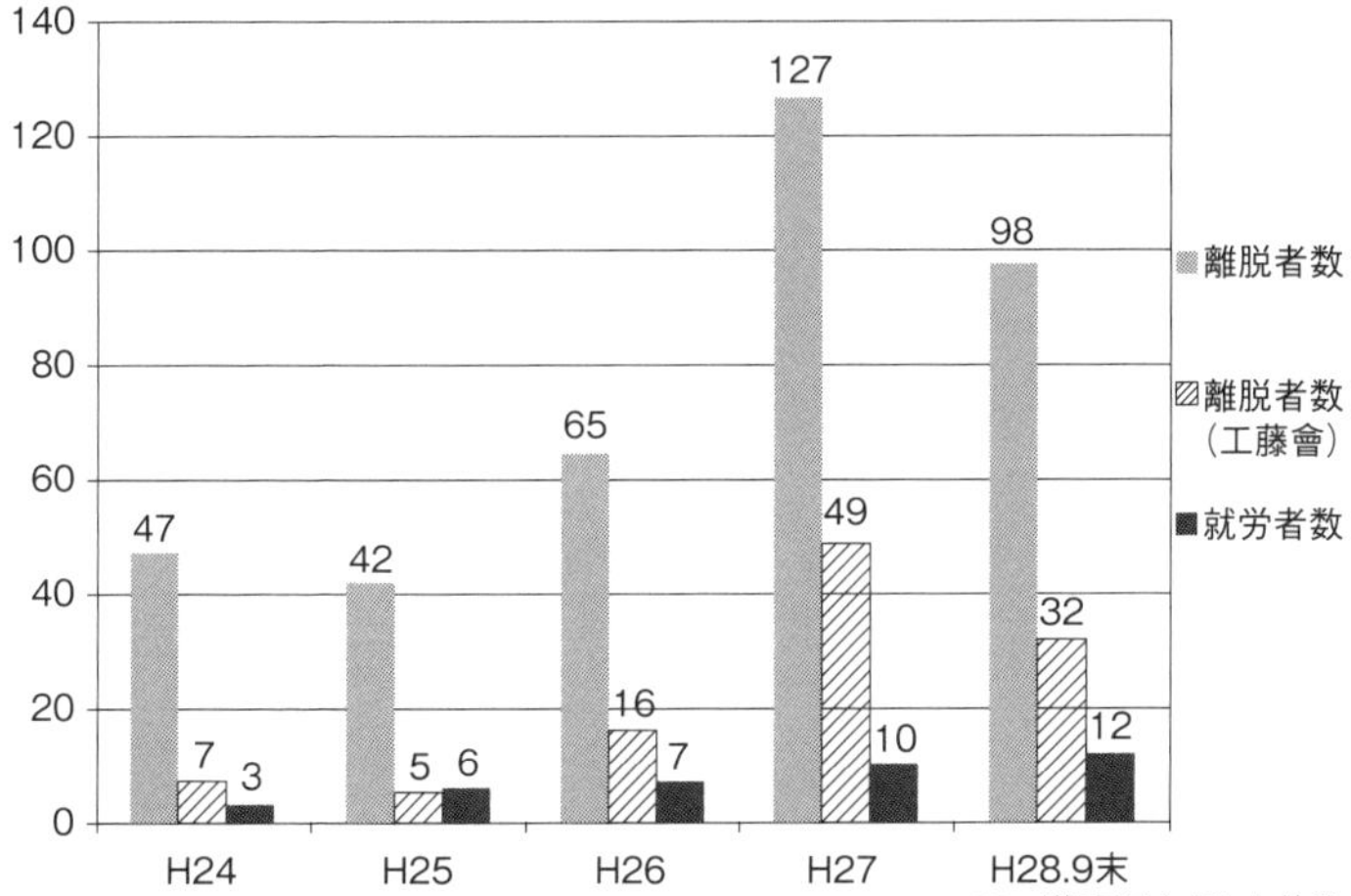

※　警察が支援した件数

福岡県警公表
県警支援による離脱・就労者数
組員自身による離脱・就労者は含みません

▼成人男性の80％がパンチパーマ

逆に見てみたいわ、そんな街！

想像してください。街を歩いている男性の8割がパンチだったら、それはもうね、映画になりますよ。任侠映画というよりはファンタジーでしょ。

そんなに様子のおかしい街を見て、笑わない人がいたら会ってみたいです。

そもそも最近の若い子はパンチパーマ自体知らないんじゃないでしょうか？　チョリチョリの大仏みたいなパーマですよ。意図せずハエとか蚊を捕獲しちゃうほど入り組んだ髪型です。ヤンキー全盛期ですら、あまり見かけたことがありません。

っていうか、みなさんパンチをなめてらっしゃるようですが、あれめちゃくちゃ熱いらしいじゃないですか。頭の全域に根性焼きを入れるぐらいの覚悟でのぞまなきゃならないレベルでしょ。そこまで気合の入った男が80％もいたら、もう怖いもんなしですよ。どこから何が攻めてきても勝てると思います。

もしかして、パンチパーマの人が怖いのは、その気合と根性が透けて見えるからなのかしら。

▼駅前にヤンキーがたむろしている

いつの時代の話をしているのか？　小一時間問い詰めたいイイ例です。

正直言って1970年代後半~1980年代初頭は、駅前どころか街中ヤンキーだらけでした。かかとが隠れるほど長いスカートをぞろびかせた（ひきずった）女子高生やアイパーだのリーゼントだのの男子高校生らが魚町銀天街を闊歩し、目が合おうものならいきなりくらされる（ボコられる）んじゃないかというくらいのガンを飛ばされたり。小倉駅前に立っていると、もれなくヤンキー車にナンパされたり。

「昨日ディスコで大きなケンカがあったんだってよ」「あ、それうちの彼氏が行ってたわ」などという怖ろしい会話を女子高生らが瞳を輝かせながらしていたり。なんというか、ちょっと怖いけど刺激的な思い出がぞろぞろ。

私が通っていた高校はやたら校則が厳しいうえ、どうイジってもナウくならない制服だったのですが、そんな私ですら一生懸命スカートの裾を伸ばし、いきがって小倉の街に出かけたぐらいですから。

けれどもこれ、北九州が特殊だったわけじゃないですよね。当時は全国的に「なめ猫」「横浜銀蝿」などが大流行していた時代。つまり全国的にヤンキー全盛期だったんですから。

東京の青山や六本木あたりの本物の都会はどうだったか知りませんが、日本国中だいたいどこへ行ってもヤンキーが大きな顔をしていた時代です。

しかも、いっぱしのヤンキーになるためにはビジュアルも重要というハードルの高さ。金八先生の山田麗子（三原じゅん子）ぐらいの美形じゃないとサマにならなかったんです。

ヤンキーになりたくてもなれず、結果「ヤンキーやらダサいっちゃ（ヤンキーはダサい）」と蔑むことで自分のアイデンティティを保つ。そんなティーンエイジャーが全国にごまんといたはずです。

40代後半以降のかた、思い出してみてください。ヤンキーがかっこよく見えていた時代があったでしょ？　いや、あるって。あるはず。でなきゃ、〝ちょい悪〟おやじ的なものが流行るわけないもの。

ワルはやっぱり魅力的なのです。

さて現在。

三十数年前のヤンキーのメッカ、小倉駅前は様変わりしています。モノレールができ、駅前は美しく整備され、うんこ座りでたむろする若者の姿はどこにもありません。

そんなはずはない！　どこかにきっとやんちゃな若者がひそんでいるはず！と探したりもしましたが、しーん。静かなもんです。修羅のしゅの字も感じません。

ああ、ここはもうヤンキーの棲める場所ではなくなった。

近未来都市のような駅からモノレールがびゅーんと走り出す光景に、一抹のさびしさを覚える私でした。

▼無法松の気配

ですが、おもしろいことにヤンキーがいそうな空気感はいぜん北九州の街のあちこちに漂っています。ヤンキーなんてほとんどいないのに、です。

たとえば博多から小倉へ電車で移動してくる。するとあきらかに街の空気が違うのです。どこか荒っぽいというか、粗野な感じがしてしまう。

これね〝気配〟だと思うんです。

先人たちが歩いてきた道に残された気配です。

本気の荒くれ者がしのぎを削っていた時代から昭和のヤンキー時代、いいえもっともっと古くから、この地で生きるために戦ってきた人たちの気配です。つまり無法松の気配です。

そのことが「北九州はヤンキーのまち」というイメージに結びついているんでしょうが、私はこの気配にこそ郷愁を感じてしまいます。

ヤンキーなんてほとんどいないのに「いる」と思われてしまう。これはもう北九州の個性であり、オリジナリティなんですから。私たちはその個性をもっと大事にするべきなのです。

だってさ、北九州が東京の青山や代官山のように洗練されちゃったら、そこはもう北九州じゃないわけで。

「北九州？　ああ、あの修羅の国ね」と言われるだけ抜きんでているということです。

そもそもさ、東京の青山あたりにある、看板もない、何屋かもわからない、値段も検討がつかない、そんな恐ろしい店が立ち並ぶ街を歩くことに比べたら、ヤンキーだか獣だかがウロウロしているかもしれない怖さのほうがまだかわいいっちゃ。

▼下関を北九州市内だと思っている

門司の一部の人だけです。門司・下関間は、電車はもちろん関門トンネル&関門橋を使えばすぐそこですからね。でも、北九州がみんなそうだと思ったら大間違い。少なくとも戸畑、若松、八幡の人は、「下関は山口県である」とはっきり認識しています。これはもう距離の関係だとしか言いようがありませんね。北九州っていったってけっこう広いんですから。

▼日本中がゾンビに襲われても、北九州だけは生き残る

間違いありません。

逃げ惑うことなく戦います。女たちが。

男たちは、「命やら惜しくもなんともないっちゃ」とかなんとか恰好つけながら、酒を飲んでいると思います。

万が一、地球にどこかの星の侵略者が降り立ったときは、北九女からスポーツ万能、武道に長けた者たちを選出して防衛軍を結成するといいです。

Ⅱ イケてるまち北九州、その歴史から

第5章

北九州・旧五市の特徴

1　市民の声に後押しされた五市合併

港町として栄えた**旧門司市**、軍都としても歴史のある**旧小倉市**、石炭の積み出し港として繁栄した**旧若松市**、八幡製鉄所を中心に工業のまちとしてにぎわった**旧八幡市**と**旧戸畑市**。

1963年2月10日。

この5つの市が合併して北九州市となり、**九州初の百万都市**が誕生しました。

東京、大阪、名古屋、京都、横浜、神戸に続く7番目の百万都市となった北九州市は、合併した年、東京都を除き6番目の政令都市になりました。

合併までは長い道のりがあったようで、合併問題がはじめて具体的に話し合われたのは

１９３４年だそうです。
紆余曲折を経て１９６０年。国勢調査の結果、５市の合計人口がもう少しで百万人になることを知った市民たちから、百万都市を目指し合併しよう！という声があがり、ようやく話がまとまりはじめたのだとか。

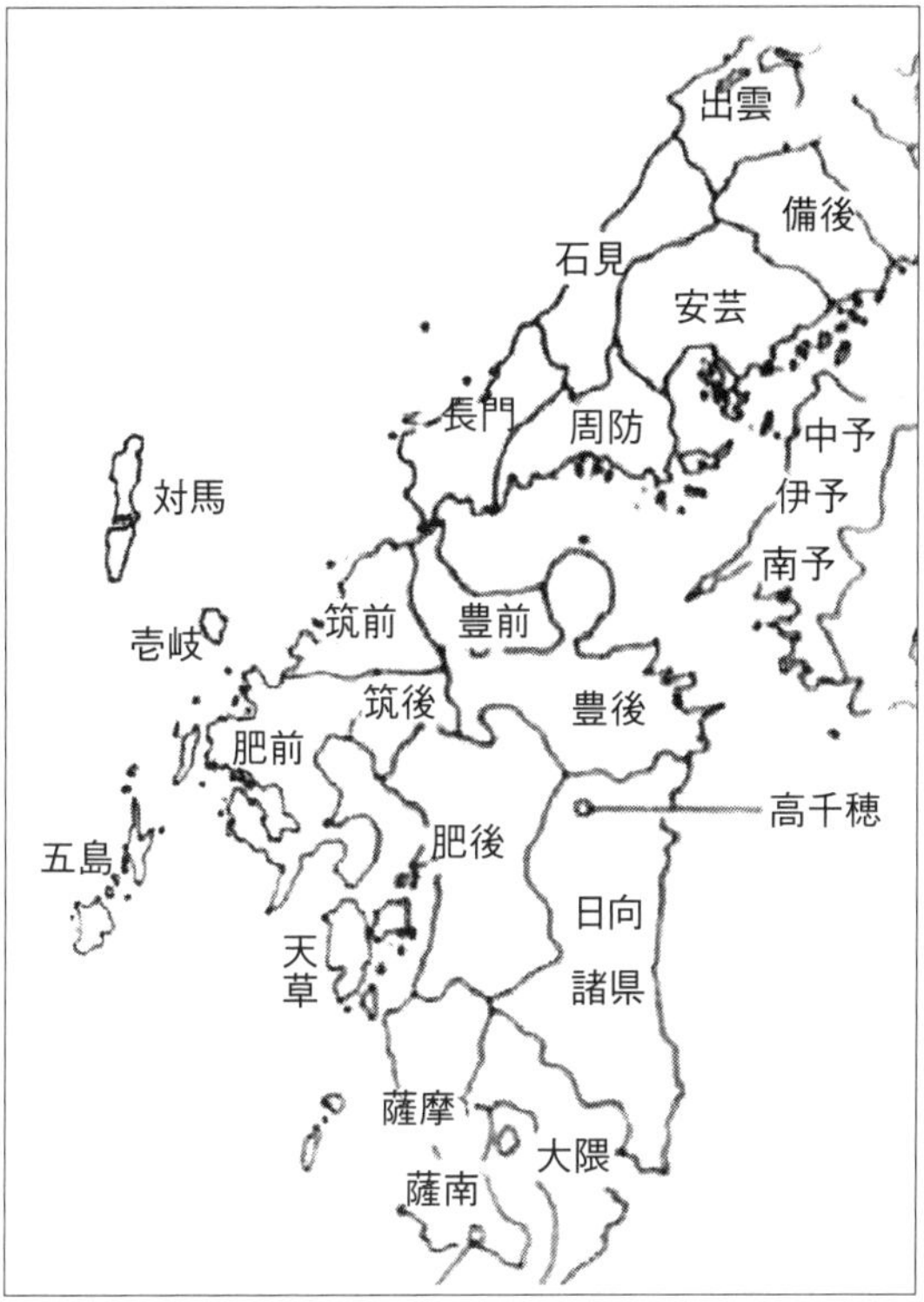

▼豊前国と筑前国

そもそも北九州は昔の豊前と筑前の二国にわたっています。豊前国企救《きく》郡が門司・小倉に、筑前国遠賀《おんが》郡が戸畑・八幡・若松にあたり、江戸時代は、境川をはさんで、東側が豊前国、西側が筑前国というように、両国の国境になっていたようです。

もともとの国が違うんです

から、まちの成り立ちも個性もバラバラです。そんな五市の合併ですから、市庁舎はどこに？市民サービスや財政のばらつきをどうする？　などなど、さまざまな問題をクリアしなければいけなかったことは想像に難くありません。

これらを乗り越えて実現した5つの市の〝対等合併〟は、世界でも初の試みだったそうで、国連の調査団が派遣されるなど、国内外より注目をあびたそうです。

▼公募で決まった市の名前

「北九州市」という名称は公募で決まったもの。新しい市の名称に全国から13万7000票あまりの応募があったというのですから、その注目ぶりがうかがえますね。

いちばん多かった案が「西京市」。「北九州市」は2番目だったそうです。他にも「玄海市」や「洞海市」など、さまざまな案が寄せられたなか、議論の末に決定したのが「北九州市」。

大正時代から国定教科書に「北九州工業地帯」の名称が使われていたりと、認知度も高かったため、馴染み深いと判断されたのかもしれませんね。

合併時の人口は約102万4千人。旧五市の名はそのまま5区名になりましたが、1974年に5区から7区に改編され、小倉区が小倉北区と小倉南区に、八幡区が八幡東区と八幡西区に分割されたというのが、現在の7区誕生までの流れです。

▼世界初の海底鉄道トンネルだってあるんよ

余談ですが、合併年である1963年9月1日の市政だよりの市民の声に「門司の繁栄のためにも、北九州のためにも、下関との間に関門橋を架けてください」という投稿があります。若戸大橋完成が1962年、その1年後の合併ですから、北九州繁栄にかける市民の意識も高まっていたんでしょうね。

北九州市合併から10年後、1973年に関門橋は開通しました。

知らない人がいるかもしれないので、ついでに自慢しておきます。

関門橋が架かるずっと前。1942年に開通した関門鉄道トンネルは、世界初の海底鉄道トンネルです。

その後、日本のトンネル掘削技術は飛躍的に進歩し、「青函トンネル」や「ユーロトンネル」などにその技術がいかされたと言われています。

どうよ？　北九州っちすごいやろ？（鼻高々）

2　それぞれのプライド

こんなふうに、北九州はもともと別々の市だった街がひとつになってできた街です。しかも、門司は港町、小倉は軍都、八幡と戸畑は製鉄の街、若松は石炭の積み出し港として、いずれも日本にとってかなり重要な拠点だった歴史のある街ばかりです。それぞれにプライドもあるため、根底にライバル意識のようなものが残っていることは否めません。

だからってケンカしているとかそういうことじゃなく。前述したように、刻まれる祭囃子のリズムが違うので脈の打ち方も違うし、戸畑なら戸畑祇園がいちばん！とか、いやいや小倉祇園が日本一や！などなど、合併しようがなんだろうが、我が街を誇る気持ちは失われないということです。

立派な地元愛ですからね、捨てる必要もありません。合併時に市民が声をあげたように、市単位でがんばらなければいけないときには一丸となります。それができる市です。デキる子なんです。

ではそれぞれどんな〝デキるまち〟であり、イケてる特徴があるか、簡単に紹介してみましょう。

▼小倉(北・南)区

「小倉は九州の咽喉なり」

尾張の商人・菱屋平七『筑紫紀行』にも江戸時代の小倉が交通の要地だったことが記されています。

明治維新後は軍都として栄えていった小倉。1963年の五市合併後は〝**軍都小倉**〟から〝**商都小倉**〟として発展していきました。

1975年には小倉北区と小倉南区に分かれ、山陽新幹線も開通。1985年には日本初の都市モノレール小倉線も開通するなど、市の都心として北九州をけん引してくれています。

小倉北区の人たちの前で小倉祇園太鼓の悪口は禁句です。「えんえんと太鼓を叩き続けてなにが楽しいんだか」なんてことを言おうものなら、いきなり嫌われても文句は言えません。彼らはあばれ太鼓のリズムで脈打っています。それを止めるようなことをしてごらんなさいな……わかりますよね？　無法松に変身します。まさか。

とにもかくにも、小倉（北）っ子のプライドは7区でもいちばん高い。福岡で言えば、博多っ子みたいなものですね。

私は戸畑区内にある高校に通っていましたが、学年の約半数は小倉からの通学生。ちょっと都会の香りがする子が多かったと記憶しています。遊び慣れているというか、なんというか。私が路面電車やバスに乗ってわざわざ遊びに行っていた街を生活圏にしていた子たちですから、都会育ちみたいな顔をしていてもしかたありません、北区に限っては。

しかしながら、同じ小倉でも**南区**になるとかなり様子が違います。

他地域の人にとっては同じに見えるだろうし、どっちでもいいことかもしれませんが、小倉北区と南区を一緒にしては北区の都会っ子が怒ります、たぶん。

ざっくり言うと、小倉北区は小倉駅や北九州市役所を擁する北九州市の中心地区。南区は主にそのベッドタウン的な役割を果たしています。極端に分ければ北区＝都会、南区＝田舎ということなんですが、田舎というひとことで片づけるには南区は広すぎます。

小倉南区の面積は171・74平方キロメートル。なんと北九州市の35％を占める面積です。戸畑の10倍以上だし。

平尾台に近づけば近づくほど、緑が増えるというか、とても同じ市内だとは思えない大自然が広がっていきます。

高校時代、平尾台近くに住んでいたちょっとイケメンの友人がいて、「俺の地元のお祭りを見にこん？（見にこない？）」なーんて誘われたもんですから、バイクの後ろにまたがりホイホイついていったのですが……。

当時は南区の広さなんて知らないもんですから、小倉って言ったよね？　あんたの地元、小倉って言ったよね？と、疑わずにはいられない事態に。

どこまで走るんだ？ってぐらい彼の地元は遠く。どこ？　どこにあんたの地元があるの？　てか、このへんはもう獣しか住んでいないんじゃ？　などなど、不安がよぎりっぱなしの道中で。ショッカーにさらわれていく少女のように、もう二度と家には帰れないかもしれないと静かに覚悟を決めたあの夏の日。

牛だの蛙だのがモーモーゲコゲコ大騒ぎしている光景の中で行なわれていた、村の鎮守の神様が出てきそうな地味なお祭りを眺めながら、帰り道の遠さを想い、ため息しかでない私でした。

とはいえ、小倉の中だけでもこのふり幅です。北九州がさまざまな背景を持ち映画やドラマのロケ地として重宝されている（第9章参照）ということも納得ではないでしょうか。

▼門司区

北九州イチの観光地といえばやはり門司でしょう。なにしろ国指定重要文化財である**門司港駅、旧門司三井倶楽部**などを有していますから。

源平合戦で知られる関門海峡を目の前に、九州の玄関口として栄えてきた門司区。かつては神戸、横浜と並び日本三大港として、国際貿易の拠点でもありました。ロマンあふれる素敵な建物が多いのも納得です。

とはいえ、関門橋を挟んで本州の下関とつながっているせいか、私自身なんとなく下関と混同しがちです。お買い物にしても、お隣の小倉より下関に行く人が多いと聞きます。そういった意味でも本州っぽいというか、北九州の中でもちょっと独立した存在に見えます。

言葉にしても下関、つまり山口県の影響を受けているせいで、〝ほ〟というちょっとかわいくてホッコリする語尾を使う人もちらほら。

たとえば、標準語の「知ってるよ」。

一般的な北九弁では「知っとーよ」あるいは「知っちょーよ」になるところですが、**門司では「知っちょるほ」**とお尻から空気が漏れるような語尾になったり。

そういった意味でも、北九州でいちばんおだやかな空気が漂う区です。

門司港レトロのすばらしさは本書でも第8章で取り上げていますが、大事なコンテンツがもうひとつあります。

観光列車「潮風号」。

門司港レトロ地区と和布刈地区を結ぶ約2㎞をのんびりと潮風に吹かれて走る、門司港レトロ観光列車です。

最高時速は15㎞。「日本一遅い観光列車」とも言われているそうです。

ブルーの車体に、ゴールドのエンブレムや装飾を施し、ヨーロッパの列車を思わせるような上質感を演出。小型のディーゼル機関車がトロッコ客室2両を挟んで走るその姿は、どこかのどかでノスタルジック気分に浸れることうけあい。鉄道ファンのみなさまはもちろん、ご家族連れや恋人たちの語らい列車としても愛されているようです。

やっぱり門司は〝愛のまち〟やねえ。

▼八幡(西・東)区

言わずと知れた**製鉄の街**。

日本の主要工場としてその近代化を支えた**官営八幡製鐵所**の旧本事務所及び修繕工場、旧鍛冶工場、遠賀川水源地ポンプ室は**世界遺産**に登録されましたが、関連施設の一部は今も稼働をつづける現役の工場です。

八幡西区は北九州でいちばん人口が多い地域でもあり、**北九州の副都心・黒崎**も控えています。

私が若いころは、小倉の街と黒崎の街、どっちが怖いか？　ようするにヤンキーが多いかでよく議論になりました。といっても、東京と同じで繁華街に出てくるのはたいてい私のような田舎者ですから、その街にヤンキーが多いからといって街そのものが怖いとは限りません。

八幡も広いです。西区は若松に、東区は戸畑に隣接しています。

戸畑はちょうど小倉と黒崎の真ん中にあたりますが、小倉に遊びに行く子が多かったです。小倉のほうが百貨店とか飲食街とかが充実していたから。

若松の子は黒崎に向かっていましたね。陸続きですし。ほら、若松から小倉にいくには若戸大橋かポンポン船で洞海湾を渡らなきゃなりませんし、車を運転する大人はともかく、学生はせいぜい自転車ですから。

さて、八幡といえば、八幡西区の黒崎駅前から直方市の筑豊直方駅を結ぶ**筑豊電鉄**です。日本で唯一、吊り掛け駆動方式（モーターを直接車輪とつなぐ昔ながらの動力方式）を採用しつづけているということで、鉄道ファンにも人気が高いそうです。

切符を買って乗るのではなく、電車を降りるときに運賃を払うという昭和的システムがまだ残っているという素晴らしさ。電車には黒いカバンをぶら下げた車掌さんが乗っていて、両替もしてくれるっていうんだからたまりませんよね。

２０１６年3月に一部ワンマン運転を開始したようですが、昔ながらのあたたかさもぜひ残していってほしいと思います。

また皿倉山からの夜景は「**新日本三大夜景**」にも選ばれているほどの絶景。折尾には東筑軒の「かしわめし弁当」という名物もあります。近年は「八幡ぎょうざ」も盛り上がっているとか。

そしてそして忘れてはならないのが、祭りの季節からちょっと外れた11月に行なわれる「起業祭」。私たちは「起業祭」と呼んでいましたが、正式には「**まつり起業祭八幡**」というのだそうです。

1901年に官営八幡製鐵所が作業開始式を行なったのがはじまりとされるこのイベントは、3日間で60万人を超える人が訪れるとか。

祭りというとつい〝小倉祇園〟や〝戸畑祇園〟などの夏祭りをイメージしてしまいますが、起業祭もお忘れなく。

▼戸畑区

「ほととぎす　飛幡《とばた》の浦にしく浪《なみ》の　しばしば君を見むよしもがも」（万葉集より）
訳：飛幡（戸畑）の海岸に、たびたび打ち寄せる波のように、何度もあなたに会う方法があればいいのに。

私を育んでくれたのは、こんなに美しい歌が残されている戸畑。その昔は半農半漁の村だったそうです。

面積は北九州全域の約3・4％。その約半分を工業用地が占めています。

当然人口もいちばん少ないのですが、人口密度は小倉北区に続いて市内で2番目です。

面積の約半分が工業用地であるということに、恥ずかしながら最近まで気づきませんでした。

たぶん、そういう人は多いと思います。なぜなら家族が製鉄関係でもない限り、工業用地に近寄ることがないから目に見えないのです。なので、北九州が「鉄の街」ということも正直ピンとはきていません。教科書で見る四大工業地帯もどこか他人事で、煙突を見て「たしかにねえ」と頷くぐらいでした。

ただ、煙突からもくもくと立ち上る煙を見て育ったことは事実ですし、私が小さなころは昼間でも空が暗かったという印象は残っています。

小倉や八幡のように広い土地を持ってないせいか、都会でもないけど、田園風景もない。都会に住んでいるわけでもないのに、子どものころはよく「川でスイカを冷やして食べるような田舎がほしい！」と、わがままを言って親を困らせたものです。

小倉に「無法松の一生」、若松に「花と竜」という華々しい象徴があることに比べると、戸畑にはなにもありません。というか、ないと言われることが多いので、なにもありませんよ～という顔をしています。誰に何を言われようがビクともしないプライドを持っているから。

戸畑モンのプライドとはもちろん、**ユネスコ無形文化遺産に登録された**（2016年12月）**戸畑祇園大山笠**です。7区のなかではのんびりおだやか気質だと言われる戸畑モンですが、戸畑祇園大山笠の悪口を言われると烈火のごとく怒ります。顔には出しませんよ、たぶん。だけど心の中で「こいつは敵！」認定が下されることは間違いありません。

他にも国指定重要文化財である**旧松本家住宅**とか、国指定天然記念物の**大珪化木**とか、福岡県

戸畑祇園大山笠　Ⓒ Koji Kobayashi

知事指定特産工芸品・民芸品「**孫次凧**《まごじだこ》」とか、あるんですよいろいろ。だけど特にアピールすることもありません。控え目というか、それをすごいと思っていないというか。いい意味でも悪い意味でもどこか内向的なまちです。だけどその分静かで暮らしやすいまちだと私は思っています。

小さなまちですからね〝まちを歩けば必ず知りあいに会う〟、〝友だちの友だちはぜったい友だち〟的な〝狭さ〟もありますが、困ったときには助けてくれるあたたかさもあります。

そんな戸畑が近年力を入れているのが〝**戸畑ちゃんぽん**〟。ゆで麺ではなく、細くてコシの強い蒸し麺を使っているのが特徴です。ちゃんぽんは全国どこでも食べられますが、この麺を使ったちゃんぽんは戸畑に帰省しないと食べられないため、実家の母に頼んで定期的に麺を送ってもらっていたほどの好物です。

▼若松区

え。若松って島じゃないの？

ほんとうに申し訳ないことに、けっこうな大人になるまで若松を島だと思っていました。戸畑から若松に行くためには若戸大橋を渡るか、ポンポン船と呼ばれる渡し船に乗らないといけなかったから（陸路もあるにはありますが、すごく遠まわり）。

これは小倉や門司の人も同様で、若松を島だと思い込んでいた人はかなりの数になると思います。隣接している八幡の人はそんな勘違いをしてはいないと思いますが。

『花と竜』の地ってことで荒くれ者のなかでも抜きんでた荒くれ者が住んでいるという思い込みをされがちですが、そんなことはなく、気性は荒いが誠実な人が多いという印象です。

島だと勘違いされるほどの位置条件ですから、大人はさておき学生たちは若松内で遊ぶことが多く、他区にはあまり出ていかないとか。足を延ばしてもせいぜい黒崎まで。私の学生時代は「小倉やら怖くて出ていききらん（出ていけない）」と言っていた人も多いです。

小倉で遊んでいた派の私としては黒崎のほうが怖いというイメージでしたけど……。

小倉と黒崎。洞海湾を挟んで、実情を知らない者同士がお互いに恐れあっていたという構図ですね。

若松といえば**マリンレジャー**です。ともろビーチ、岩屋海水浴場、脇田海水浴場と、夏になれば家族連れでにぎわう北海岸。近くには広大な芝生広場やバラ園がある「グリーンパーク」やカンガルーと触れ合える「ひびき動物ワールド」もある北九州のリゾート地域、ある意味カリフォルニアみたいなもんだと思ってくだされればよろしいかと……ごめんなさい、言い過ぎました。

また、若松南海岸通りには、かつて**石炭の積み出し港**として栄えた町の名残があちこちに残されています。門司港に負けず劣らずのレトロ感を出している「**旧古河鉱業若松ビル**」に「**上野ビル**」、石炭最盛期を彷彿とさせる「**ごんぞう小屋**」などなど。たいへんフォトジェニックな界隈となっております。

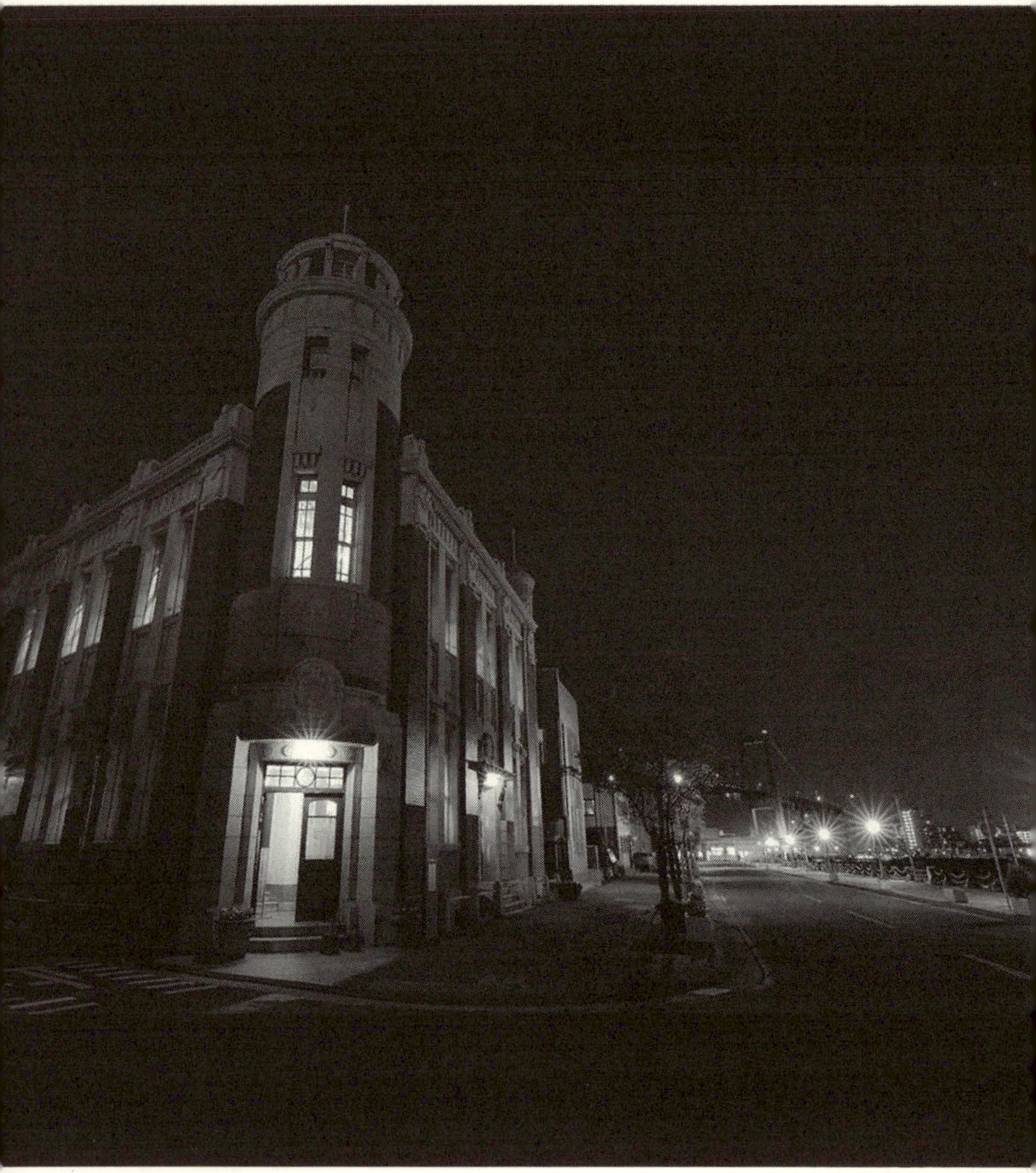

旧古河鉱業若松ビル　© Koji Kobayashi

「**五平太ばやし**」も忘れてはなりません。五平太とは石炭のことで、当時、川ひらたは「五平太船」とも呼ばれていました。

かつて川ひらたという小舟で石炭が洞海湾まで運ばれていました。五平太ばやしは、そんな五平太船の船頭衆が、仕事の合間や一服時、水門の順番待ち、風待ち、また潮待ちの折りとして、船縁を叩きはやしながら、流行り唄や民謡を口ずさんだのがはじまりとされています。

昭和29年には火野葦平さんにより作詞され、若松の郷土芸能として伝承されています。

さらに話題となっているのが、**若松野菜**です。近年、北九州では地産地消が進められていますが、特に注目されているのが若松の野菜なんです。

なかでも人気なのがキャベツだそうで。玄界灘からの潮風がキャベツ畑に吹き付け、ミネラルが豊富な甘くておいしいキャベツに育つんだとか。その名も「若松潮風キャベツ」。覚えておいてくださいね。

2012年に若戸トンネルも開通。若松・戸畑間の行来がますます便利になりました。

3　ウエルカム体質が生んだ、さまざまな〝はじめて〟

古くから西の玄関口として大陸との交易が盛んだった北九州は、異国の文化と日本の文化が交錯するまちでした。柔軟でだいたいのことはウエルカム！な北九モンは、「お、それいいやん！」と思えば、うまいこと自分たちの暮らしに取り入れてきたのでしょう。ユニークなものがこの地でいろいろ誕生しています。

▼パンチパーマ

「成人男子の80％がパンチパーマ」という噂の大元でしょう。

いかにも北九州！という感じです。そういえば、大阪のオバちゃんはみんな紫染めのパンチパーマという噂もありましたね。噂だけですでに完敗です。

が、大阪のオバちゃんの代名詞にもなっているパンチパーマが生まれたのは北九州市小倉北区の理容室です！

看板には「元祖」と書かれ、フジテレビ『トリビアの泉～素晴らしきムダ知識～』でも放送されたようです。

1970年代半ば、小倉北区のスーパーカット「NAGANUMA」の店主、永沼重己さんが、黒人の髪からヒントを得てパンチアイロン（製品名・丸型アイロン）を超極細に改良。そのアイロンでパーマをかけたヘアスタイルを「チャンピオンプレス」と名付けたとか。なので、ただしくは「チャンピオンプレス」って名称なんですが、いつのまにやら「パンチパーマ」と呼ばれるようになっていたそうです。

パンチが効いているってことでパンチパーマになったなど、いくつかの説があるそうですが、髪の多い人で6００回ぐらい巻かなければならないこのパーマ、20分で60本のペースらしいから、6００回だと2００分か。理容師さんもお客さんもなかなかの根性が必要そうです。第4章で述べたとおり、パンチパーマって地肌にコテが当たる確率も高く、かなりの忍耐力が必要なんだとか。これに耐えることもまた「男の証」なんですって！

「あちっ！」なんて声をあげようものなら、そっこーヘタレ認定です。

北九州で生まれた理由がわかるような気がしますね。

▼焼うどん

終戦直後、小倉の「だるま堂」の店主が、焼そば用のそば玉のかわりに干しうどんを茹でて焼いたところ大好評だったのがはじまりとされている焼きうどん。

思えば、子どものころは焼きそばよりだんぜん焼うどんでした。っていうか、母が作ってくれたのも焼きうどんばかりで。焼きそばを食べた記憶がほとんどありません。

駄菓子屋さんの隅っこで、一枚50円とかで子ども向けに小さなお好み焼きを焼いてくれたりするシステムもあったけれど、そこで焼いていた麺もやっぱりおうどんでしたし。

幼いころ食べていないせいか、焼きそばという食べ物にいっさいノスタルジーを感じなかったりします。

そもそも福岡はそばよりうどんですからね。とんこつラーメンが主食みたいに言われているけど、実際ラーメン好きと同じくらいうどん好きも多いし。

なにより私が福岡に住んでいたころは〝そば屋〟なんてなかったですよ、ほとんど。〝うどん屋〟のメニューのひとつとしてそばがあるって感じでした。

ですから、東京のそば屋にうどんがないことにまずびっくりしました。

なんで？　福岡はうどん屋にそばの居場所も設けてあるのに、東京のそば屋にはうどんを置いとらん！　そんな片手落ちなことをしていいいん？　不平等極まりないわ！と。

北九モンのソウルフードといえば**「資《すけ》さんうどん」**のゴボ天うどんでしょう。

私も、帰省中に一度は必ず食べています。

ササガキではなく、ごぼうをまるっと天ぷらにしているので噛みごたえじゅうぶん！　やっぱりこのくらい太っ腹な揚げ方をしてくれないと、北九モンは食べた気がしませんね。なーにをちまちまササガキなんかにしとるんかっちゃ！ってなもんです。

ごぼうはごぼうらしくまるっと揚げる。

このあたりにも北九モンの気質が表れているんじゃないかなと思うわけです。

気質といえばもうひとつ。焼きうどん発祥の店は「**だるま堂**」と言われていますが、実際に「元祖」を名乗るお店は複数あるらしく、どこがほんとの本家本元なのか定かではないとの説も。

いいんです。言ったもん勝ちですから。

たぶん誰も嘘をついてはいないんです。「うちが元祖」と思い込んでいる、また、思い込むだけの理由があるんでしょう。

どこが発祥でも、どこが元祖でも、おいしければそれでいいっちゃ！

▼バナナのたたき売り

「四谷赤坂麴町、チャラチャラ流れるお茶の水、粋なねえちゃん立ち小便。白く咲いたが梅の花、四角四面は豆腐屋の娘、色は白いが水臭い……」

映画『男はつらいよ』で寅さんもたびたびたたき売りをやっていましたね。寅さんのおかげで「たたき売り」が全国的に有名になったとかなんとか。

さて、日本にバナナが輸入されたのは明治36年頃。台湾の商人が神戸に持ち込んだのがはじまりだそうで、大量輸入されるようになったのは、明治41年以降～終戦の数年前までだといわれています。

その頃、台湾は日本の統治下にあり、門司港が台湾と近いということもあり、大量に荷揚げされ、市場が設けられたのだとか。

たたき売りのはじまりは大正時代。バナナは青いまま入荷し、地下室で蒸され、黄色のバナナとなって市場に並ぶという流れになっていたそうですが、輸送中に蒸れてしまったものや、一部の不良品を早めにさばくためはじまったのが「バナナの叩き売り」なんだそうです。

▼競輪

「旧小倉市長　浜田良祐氏の功績により　昭和23年11月20日10時30分　全国初の競輪開催がスタートした」

北九州市小倉北区三萩野。ドーム型競輪場「**北九州メディアドーム**」の傍らに建てられた「競輪発祥の地」の石碑には、このように記されています。

この石碑を見たことがある人はどれぐらいいるのでしょうか。

競輪ってなんとなくおじさんがやるギャンブルってイメージで、女子には縁遠かったけれど、大人になってこうしてみてみると、スポーツとしてもかっこいいし、なにより経済に貢献しているということがわかります。

とはいえ、当時は収益の見込みもない前例なき事業。競技場建設にも莫大な費用がかかるため、ほとんどの都市が尻込みをするなか、名乗りをあげたのが旧小倉市の浜田良祐市長だったそうです。

工業都市であり、造兵廠や小倉師団の司令部もあったため、戦時中の被害が大きかった小倉の復興財源として、また労働者の娯楽の場として、いち早く競輪の開催を決意したんだとか。この潔さこそ、北九モンの血のような気がします。

残念ながら、私は一度も行ったことがありませんが、今や〝世界のKEIRIN〟となった競輪が、小倉ではじまったと思うと感慨深いものがありますね。

▼ウォシュレット

お尻だって洗ってほしい♪

1982年、戸川純さん出演のCMが鮮明によみがえります。

さて、お尻を洗うことができる便座ならば、なんでもかんでもウォシュレットと呼んでしまう人は多いのではないでしょうか。

そりゃそうです、温水洗浄便座なんて面倒くさい呼び方はそうそう定着しやしません。

しかしながらウォシュレットは、TOTOが販売する温水洗浄便座の商品名なので、厳密にいえば他メーカーの温水洗浄便座はウォシュレットではないんですよね。

ウォシュレットは1980年6月発売。で、そのウォシュレットを開発したTOTO本社が小倉にあるので、ウォシュレット発祥の地＝小倉ってわけです。

当然開発には苦労を重ねたと思います。当時肛門位置などの数値データは存在しなかったため、社員などの協力を得てデータを収集し、噴出位置を設計するという工夫をこらしたとか。

ですよね〜。だって、お湯でお尻を洗ってくれるのはありがたいけど、的を射てなきゃ意味がない。だけど、人間の身体って千差万別ですから、このへんのさじ加減もかなり難しかったと察します。

それにしても社員さんたちの肛門位置って自分で測ったのかしら？　それともおしりとか便器とかの専門家？　誰かに測ってもらうのはなかなかに羞恥な場所だと思いますが、肛門データ提供者も含め、開発にあたった方々には全力で敬意を表したいと思います。

▼アーケード商店街

雨の日も快適にお買い物ができるアーケード商店街。小倉の魚町はもちろん、地元である戸畑の中本町も、ものごころついたときにはすでにアーケードつきだったので、特になにも感じずに生きてきましたが。

なにごとも〝最初〟というのはほんとうにたいへんみたいで、日本初のアーケード商店街となった**小倉の魚町銀天街**の方々も当時はかなりご苦労をされたようです。

北九州市小倉北区の魚町銀天街が、公道上に初のアーケードをかけたのが１９５１年。

なんとこのアーケードは「自分たちでアーケードを！」という意気込みのもと、商店主が資金を出し合い、建設計画を盛りあげてきたそうです。

当時の役所は「公道に屋根をかけることは、前例がなく認められない」との見解で、なかなか許可されず、意を決した商店街の幹部が東京の建設省（当時）に直接申し立てに。

交渉は難航しましたが、幹部の「一命を掛けてでもアーケードを造る」の一言と、アーケードにかける情熱に動かされ、「試験的に許可する」との回答をいただけたんだとか。

どうですか、この情熱と心意気！

魚町銀天街の店主のみなさまの決断と覚悟がなければ、アーケード商店街の普及はうんと遅れていたかも。

新しいものをとりいれることにかけての柔軟さと行動力はやっぱり北九モンならではのような気がします。

3　私たちを育てた〝産業の米〟

「ご安全に」

「おはようございます」でも「おつかれさま」でもない。これが製鉄所内での挨拶だそうです。

〝産業の米〟と言われる「鉄」によって日本の高度経済成長を支えた北九州。

１９０１年、**官営八幡製鐵所**の東田第一高炉に火が入りました。日本初の銑鋼一貫生産を行なう近代製鉄所が誕生したのです。

以来、北九州は鉄のまち、モノづくりのまちとして急速な発展を遂げ、日本の四大工業地帯の一角となりました。そして、この発展が多くの雇用を生み、さまざまな地域からたくさんの労働者が集まってきました。人が集まれば住むところもいるし、飲食店や娯楽施設も必要になってくるということで、雇用が雇用を生み、さらに人が集まってくる。そんなわけで北九州にはわんさか人が集まってきたのです。

製鉄所の高炉に休みはありません。「鉄の男《ひと》」と呼ばれる男たちは三交代制勤務で鉄をつくりつづけます。街には24時間労働者があふれているので、風俗や文化も彼らの勤務状況にあわせる形で進化します。

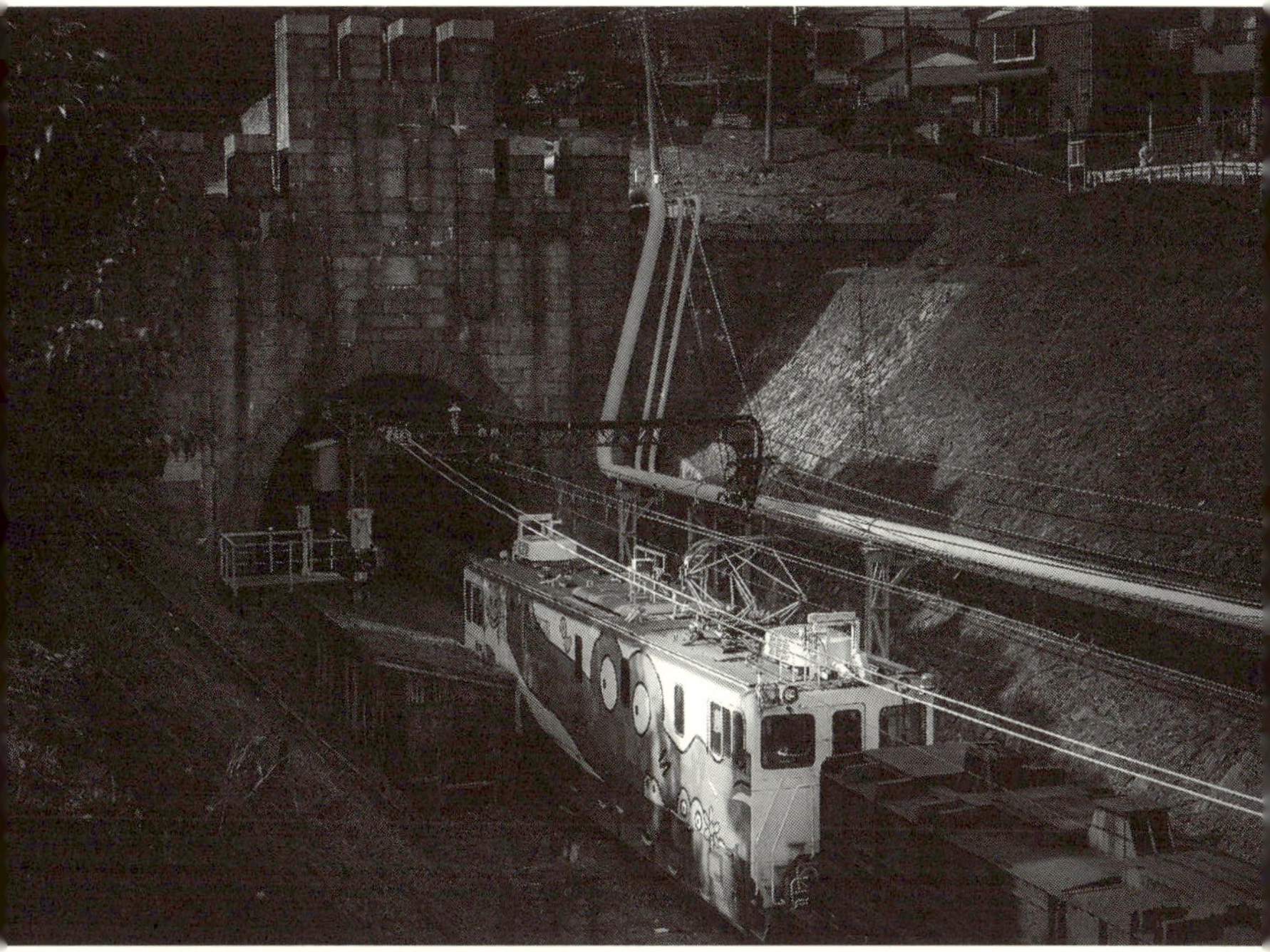

新日鐵八幡製鐵所内運搬線　八幡地区と戸畑地区を結ぶ専用鉄道「くろがね線」。　© Koji Kobayashi

酒屋の店先で昼間から飲める「角打《かくう》ち」や24時間営業の食堂、スーパーなどもそのひとつだったんですね。

子どものころ、学校帰りなんかに酒屋さんの前を通りかかると、昼間から赤い顔をしてお酒を飲んでいるおじさんたちがけっこういて。その光景が不思議でしょうがなかったんですが、仕事帰りの1杯だったと思えばおおいに納得できます。まあ、なかには仕事帰りじゃない人もいたんでしょうが、それはそれとして。

鉄の街として栄える前の北九州は、石炭の街ですからね。体を張って生きている男たちに支えられてきた街でもあります。酒でも飲まなきゃ明日の英気が養えませんっての。酒飲みが多いっていうのも頷けますよね。

残念なことに現在は、他の工業地域に生産を抜かれ四大工業地帯からはずされてしまった北九州ですが、「北九州工業地域」として今日もたくさんのモノが産み出されています。

▼昼間から飲んでそうな顔

それはそうと、本書を執筆するにあたりちょっと考えてしまったことがあります。

秋田美人、博多美人、京美人など、なんとなく地方ごとにその土地の特徴的な顔ってあるような気がして。「北九州らしい顔」ってあるのかな、と。

たとえば、長崎は美男美女がすごく多い。これはわたくし調べではあるんですが、長崎出身のかたにはハーフと見まがうような目鼻立ちくっきりの人が多いような気がするんです。あ、もちろん全員じゃありませんよ、人口比でいえばほんの一部なんでしょうけど、私が出会った長崎のかたにはそういう異国の香りが漂う美しい人が多かったんです。

「ハーフ？　それともクォーター？」と思って尋ねると、そうではなく、「なんだよ〜。私も長崎で生まれていれば、もっと鼻筋がこうシューっと……」などと羨むばかりで。

ポルトガル人が長崎へ〜♪というカステラのCMがありましたが、ご先祖さまをさかのぼれば、どこかに異国の美男美女遺伝子が組み込まれていてもおかしくない。美人の友達の顔をうらめしく見つめながら、そんなことを考えたこともありました。

熊本は熊本でなんとなく「熊本らしい顔」ってあるような気がするし、鹿児島は西郷ドンの眉毛に象徴されるような力強さとか。なんかそういうのがあるような気がするんです。

じゃあ北九州は？

どんな顔が北九州らしいの？

考えてみますと、これがないんですね。

草刈正雄さん（小倉出身）のような超美形もいらっしゃるにはいらっしゃるんですが、ごくまれに生まれるレア遺伝子だと思いますし、長崎出身といわれたほうが説得力のあるお顔立ち。**つ**

るの剛士さん（門司出身）も、まさか北九州がご出身だと思わなかったほど、熊本っぽいですし（すみません、勝手なイメージです）。

なんだか「これが北九顔だ！」という顔が思い当たりません。

その昔、いろんなところから移住してきたかたが多いから、独特の顔って薄まっていったのかしら、と思いを巡らせながら「北九州出身の著名人リスト」を見ていて、「はっ！」と思い当たりました。

パーツではなく、雰囲気にある種の〝北九っぽさ〟が見られるのではないか。

たとえば、**リリー・フランキー**さん（小倉出身）と**松尾スズキ**さん（八幡出身）。

このお二方、北九州出身だと知る前からなんとなく似ているな、どことなく郷愁を感じるお顔だなと思っていたのです。

お二人とも年齢を重ねるにつれ、味のある魅力的なお顔になっていかれていますが、お顔そのものに大きな特徴はないような気がします。

共通しているのはどちらも昼間から角打ちに立っていそうな匂いがするってこと。危ういというか怪しいというか、やんちゃ顔というか。

それって雰囲気なのかもしれませんが、子どものころから角打ちで飲んでいるおじさんたちを見てきた私にとっては郷愁を感じずにはいられない存在なんでしょう。

遺伝子がどうとか統計はこうだとか、そんなものはぜんぜん調べてもないし、特に根拠もありませんが、個人的にはリリーさんと松尾さんを北九顔に認定してしまいたい気持ちでいっぱいです。

【戸畑区】
柴田義之(劇団1980代表、俳優)
宗左近(詩人)
タナダユキ(映画監督/作家)
平山秀幸(映画監督)
ふとがね金太(ミュージシャン)
山本高広(ものまねタレント)

1998年『愛を乞うひと』でモントリオール世界映画祭国際批評家連盟賞、日本アカデミー賞最優秀監督賞、毎日映画コンクール監督賞、キネマ旬報監督賞など、国内外で69の映画賞を受賞。2016年は『エヴェレスト　神々の山嶺』を公開。面識はありませんが高校の大先輩です。

【門司区】
青山 真治(映画監督)
秋山 竜次(お笑いタレント、ロバート)
芋洗坂係長(お笑いタレント)
小田 基義(映画監督)
キミーブラウニー(ミュージシャン、お笑いタレント)
高良健吾(俳優) *居住
杉葉子(俳優)
つるの剛士(俳優)
林 芙美子(作家) *下関生誕説あり
馬場裕之(お笑いタレント、ロバート)

小倉を舞台に、森鷗外が軍医として小倉に赴任していた頃の日記「小倉日記」の行方を探すことに生涯を捧げた人物を主人公として描いた短編「或る『小倉日記』伝」が第28回芥川賞を受賞(1953年)。上京後小説家に専念するきっかけとなりました。

【まだまだいます、北九出身!】
秋本祐希(俳優)
池畑潤二(ミュージシャン、ザ・ルースターズ)
井上富雄(ブルー・トニック、ザ・ルースターズ)
岩坂士京(シンガーソングライター)
梅田彩佳(NMB48)
葛城哲哉(ミュージシャン)
川崎真弘(ミュージシャン、作曲家)
キハラ龍太郎(ミュージシャン、音楽プロデューサー)
早乙女太一(俳優)
富永研司(俳優)
なかやまきんに君(お笑いタレント)
野見山正貴(シンガー・作曲家・編曲家)
野間口徹(俳優)
花田裕之(ミュージシャン、ザ・ルースターズ)
林美穂(俳優)
春田 純一(俳優)
藤本隆宏(俳優)
増水亜由未(タレント)
陸奥A子(漫画家)
山崎ナオコーラ(作家)
Yu~ki(MALICE MIZER)
吉田啓一郎(映画監督、テレビ演出家)
わたせせいぞう(漫画家)

陸奥先生のマンガに夢中だった少女時代まさか同じ市内にお住まいとは夢にも思いませんでした。陸奥先生のマンガに描かれる街並みは、なぜか異国の香りがして……あの感性が北九州で育ったと思うと誇らしいです。

【小倉北・南区】
井生定巳(劇団青春座代表、演出家)
175R(ロックバンド) SHOGO、ISAKICK、KAZYA、YOSHIAKI
伊原剛志(俳優)
岩下俊作(作家)
内村航平(体操選手)
榎木智一(俳優)
大江千里(シンガーソングライター)*居住
川原圭敬(映画監督)
城戸センパイ桂介(ミュージシャン、フジヤマルーキー)
草刈正雄(俳優)
桑原和男(吉本新 喜劇)
小久保淳平(シンガーソングライター)
紗綾(グラビアモデル)
清水健太郎(歌手、俳優)
杉田久女(俳人)*居住
竹清仁(映画監督)
CHAGE(ミュージシャン、CHAGE and ASKA)
冨永裕輔(シンガーソングライター)
内藤武敏(俳優)
中尾ミエ(歌手、俳優)
NAKAZ(ミュージシャン、ex THE STRUMMERS!/ THE STARCLUB)
葉室麟(小説家)

中村ゆうじ(タレント)
橋本多佳子(俳人)*居住
原千晶(俳優)*居住
原口あきまさ(ものまねタレント)
深見亮介(俳優)
福岡芳穂(映画監督)
北条司(漫画家)
細川俊之(俳優)
松本清張(作家)
松本零士(漫画家)*居住
森鷗外(作家)*居住
森田順平(俳優)
山本リンダ(歌手)
リリー・フランキー(作家/俳優)
劉寒吉(作家)

1899年、軍医として小倉に。第十二師団司令部のあった小倉城本丸跡まで乗馬で登庁していたそうです。小倉を舞台にした小説に「鶏」、「独身」、「二人の友」の3編があり、小倉三部作とされています。

もともとリリーさんファンでしたが、『東京タワー～オカンとボクと、時々、オトン～』を読んで同郷だと気づき、小躍りしたものです

何人知っていますか?
北九州出身の著名人マップ

目立ちたがり屋でパワフルな気質を反映してか、北九州は著名人もたくさん輩出しています。ただ、こうしてみると福岡市出身の著名人とはやはり少しカラーが違うなあと思うのであります。
ここでは出身著名人および北九州と縁が深い著名人の一部をご紹介させていただきます（順不同、敬称略）。

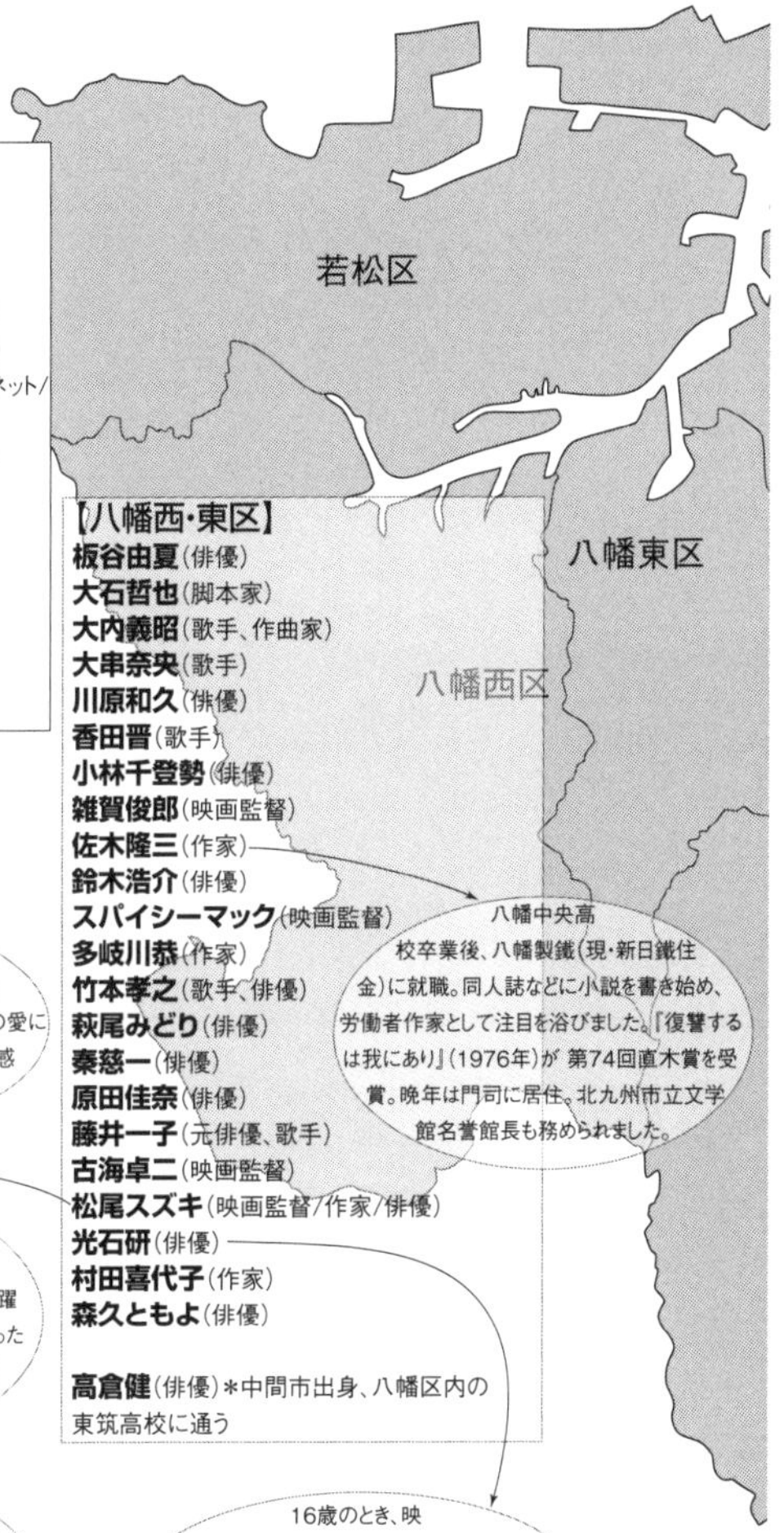

【若松区】

足立正生（映画監督）
天本英世（俳優）
鮎川陽子（モデル/俳優）
荒神直規（ミュージシャン、ex Naifu/ELF）
大江慎也（ミュージシャン、ザ・ルースターズ）
城戸けんじろ（ミュージシャン、ジャパハリネット/フジヤマルーキー）
倉掛英彰（ミュージシャン、作曲家、ミーナ&ザ・グライダー ex NEW DOBB）
シーナ（シーナ&ザ・ロケッツ）
Dobb（ラジオDJ、ex NEW DOBB）
火野葦平（作家）
松居大悟（映画監督/作家/俳優）
横内正（俳優）
トコ（コラムニスト/タレント）

【八幡西・東区】

板谷由夏（俳優）
大石哲也（脚本家）
大内義昭（歌手、作曲家）
大串奈央（歌手）
川原和久（俳優）
香田晋（歌手）
小林千登勢（俳優）
雑賀俊郎（映画監督）
佐木隆三（作家）
鈴木浩介（俳優）
スパイシーマック（映画監督）
多岐川恭（作家）
竹本孝之（歌手、俳優）
萩尾みどり（俳優）
秦慈一（俳優）
原田佳奈（俳優）
藤井一子（元俳優、歌手）
古海卓二（映画監督）
松尾スズキ（映画監督/作家/俳優）
光石研（俳優）
村田喜代子（作家）
森久ともよ（俳優）

高倉健（俳優）＊中間市出身、八幡区内の東筑高校に通う

日本の女性ロック・ヴォーカリストの第一人者。生涯を歌に、ロックに、そして鮎川誠さんとの愛に捧げられたその生きざまは、多くの人に感銘を与えました。

八幡中央高校卒業後、八幡製鐵（現・新日鐵住金）に就職。同人誌などに小説を書き始め、労働者作家として注目を浴びました。『復讐するは我にあり』（1976年）が 第74回直木賞を受賞。晩年は門司に居住。北九州市立文学館名誉館長も務められました。

俳優としてはもちろん、演出家、脚本家、映画監督、コラムニストとしても活躍されている多彩な人。同郷だと知ったとき、すごく納得したのはなぜだろう。

自伝的作品「花と竜」が大ヒット、1937年芥川賞受賞『糞尿譚』で芥川賞を受賞、『麦と兵隊』『土と兵隊』『花と兵隊』の「兵隊3部作」は300万部を超えるベストセラー。

16歳のとき、映画『博多っ子純情』のエキストラのオーディションを受けたところ、主役に抜擢!以来活躍をつづけ、今では存在感のあるベテラン俳優さんです。テレビで見るとうれしくなってしまいます。

第6章

北九州を支えた〝黒いダイヤ〟

見せてやりたや北九州を
山にゃ石炭　町には工場
港々にゃ船がつく

詩人・野口雨情が「鎮西小唄」でこう歌いました。

作曲は中山晋平。

昭和初期、新作地方民謡として全国的に歌われていたという「鎮西小唄」。

雨情の瞳に映った北九州はきっと、威勢のいい男たちが闊歩する、活気にあふれたまちだったに違いありません。

1　黒いダイヤと川筋気質

北九州と切り離せない関係にあるのが、飯塚・田川・直方をはじめとした福岡県の内陸「**筑豊地方**」です。

実際、北九州と一緒に語られることも多い地域で、似ているというか、延長線上にあるというか。個人的には北九州の気質をもっと色濃くしたのが筑豊ではないかという気がしています。

筑豊地方が石炭の産地として知られるようになったのは江戸時代。明治に入り「鉱山解放令」が発布されるやいなや、出炭量が飛躍的に増加。全国有数の採炭地として、「筑豊炭田」と呼ばれるようになったそうです。

〝黒いダイヤモンド〟と呼ばれた石炭は「川ひらた」（別名：五平太船）という川船で遠賀川から堀川や江川を利用して洞海湾の奥に入り、若松や戸畑などの港まで運ばれました。

川ひらたには小型でも約5トンの石炭が積まれていたといいます。

太陽が照りつける夏も、寒さに凍える冬も、川の上で、あるいは湾に浮かんで、黒いダイヤに夢を見ながら男たちは働いてきたのです。命がけですからね、気が荒くなければやっていけなかったでしょうし、切った張ったのケンカも起きるでしょう。

▼吉田磯吉親分らぶ

さて、筑豊の風土を象徴する言葉に「**川筋気質**《かわすじかたぎ》」というものがあります。この川筋とは遠賀川流域のことをさしています。

川筋気質とはざっくりいうと、「ぐだぐだ理屈をこねない、竹を割ったような性格」「宵越しの金は持たない」「物事に筋を通す」「弱きを助け強きをくじく」「義理人情に厚い」などなど、基本的に「荒々しいが、強く男らしい」男伊達を意味しています。

そして、そういう男たちのことを川筋者と呼びますが、その代表格が**火野葦平**の『**花と竜**』にも〝**磯吉親分**〟として描かれている**吉田磯吉**さん（1867〜1936年）じゃないでしょうか。

遠賀郡芦屋村（現・福岡県遠賀郡芦屋町）出身。遠賀川の「川ひらた船」での石炭輸送で成功をおさめ、芦屋鉄道社長などを務めたのち、衆議院議員になった磯吉親分です。

北九州市の若松に居住され、若松の繁栄にひと肌もふた肌も脱いだのはもちろん、荒くれ者たちのケンカの仲裁をはじめ、国会内での揉め事を解決されたり、相撲界のいざこざを解決されたりと、その名を全国にとどろかせた天下の大親分です。

宵越しの金は持たないどころか、頼ってきた者は必ず助ける磯吉親分。そんな噂を聞きつけて、無銭旅行の学生まで磯吉親分のところにお金を無心にきたとか。当然、お金を貸すときはあげるつもりです。「返せ」なんて言いません。ですから、磯吉親分のところにはお金を借りに来る人があとをたたなかったとか。

侠客と呼ばれる一面もありましたが、この磯吉親分がいたから、荒くれ者たちでごった返していた当時の若松で、大きな揉め事がなかったとも言われています。

侠客と聞いただけで、顔をしかめる人もいらっしゃいますが、磯吉親分は入れ墨すら入れていませんでした。身体に傷をつけることを極端に嫌ったかたでもありますし、磯吉親分じゃなければできないことをたくさんやり遂げられたすごいかたです。高塔山に銅像だってあるんですから!

かくいう私は磯吉親分の大ファンで、川筋気質とか川筋者という言葉にプラスのイメージしか持ってないのですが。うかつにこの言葉を使うとイヤな顔をされることもありますので、気をつけてくださいね。褒めたつもりなのに、怒らせてしまうこともあるかもしれません。〝川筋気質=ガラが悪い〟ととらえる人もわりと多いから。

まあ、磯吉親分は偉大すぎる例ですが、筑豊~北九州はこういった男伊達が身体を張って生きてきた地域でもあります。荒くれ者=怖いと思っているかたも多いと思いますが、たいへん男らしく、かっこいい男性が多いのも事実です。じゃなきゃ、『無法松の一生』も『花と竜』もあんなにヒットしませんって。

おっと、私の磯吉親分びいきはこのへんにして、話を元に戻します。

北九気質の一部の源流は筑豊にあるのでは？という個人的見解について。

前述したように、石炭は筑豊から遠賀川の流れに乗って北九州に運ばれていました。

昭和30年前後には筑豊地区に３００近い炭鉱がひしめいていたそうで、昭和32年に戦後の出炭量のピークを迎えます。

このころにはもう川ひらたは役目を終え、石炭は列車に積まれて北九州へ。筑豊炭全体の約70％が筑豊本線の終点である若松や、折尾から鹿児島本線に乗り入れる線を通って戸畑方面へ運ばれていったそうです。

つまり、北九モンは長い間、筑豊炭田と結ばれており、当然川筋気質の男たちと触れ合ったり、渡り合ったりしてきたのだろうと思うのです。筑豊からの移住者だって多かったでしょうし。

ってことは、石炭と一緒にその気質が流れ込んできたとしても不思議じゃありません。

もともとウエルカム体質な北九モンですから、うまい具合に融合できたと思います。で、今こんなふう。

若松駅の様子（上下とも）。若松駅から福岡県筑紫野市の原田駅に至るＪＲ筑豊本線。若松・折尾間は「若松線」と呼ばれています。石炭輸送が盛んなころは、炭鉱などに通じる多くの貨物支線があったそうですが、現在はすべて廃止されています。

しかしながら、若いころは単純に筑豊は怖いというイメージを持っていました。主に噂が原因です。

▼筑豊にまつわる都市伝説

たとえば、福岡市では「北九州ナンバーの車には近寄るな」と言われるけれど、北九州では「飯塚、田川、筑豊ナンバーには近寄るな」と言われていたり。

都市伝説のような噂では、「筑豊で運転しなくちゃならない時は、木刀とバットが必需品」というものまであるというから驚きですね。

北九州の噂「成人男性の80％がパンチパーマ」というのと同じです。んなわきゃねーですハイ。私にも田川や飯塚出身の友人はいます。情に厚くてやさしい人ばかりです。しいて言えば言葉が荒いのかも。北九弁とよく似ていますが、語尾がちょっと強いかな。

たとえば、北九弁で「明日は早起きやけ（早起きなので）」は筑豊だと「明日は早起きやき」となります。

〝け〟が〝き〟に変わるだけで威圧感が増すから不思議。〝き〟って音は強いんですよね。はじめて聞いたとき、「うわ、ガラ悪っ！」と言っちゃいましたが、即座に「北九モンに言われたくないき！」と言い返されました。どんぐりの背比べとはまさにこのことでしょう。

いやね、北九州と同じで、怖い人がひとりもいないってわけじゃないですよ。そりゃどんな街にも怖い人はいるでしょう。その比率がちょっと高いかもしれないというだけです。

っていうか、筑豊も高齢化が進んでいるはずですからね、昔ブイブイいわせてた人もそろそろまーるくなっているころだと思います、たぶん。

2　筑豊のプチ逆襲

そんなわけで、筑豊は兄弟地域みたいなものなので、勝手にプチ逆襲をしておきます。

筑豊の中心といえば**飯塚**ですが、ここには１９３１年に設置された国の登録有形文化財でもある「**嘉穂劇場**」があります。

江戸情緒あふれる歌舞伎様式の芝居小屋で、客席は畳敷き。桝席の左右には２本の花道と桟敷席、直径16メートルの廻り舞台や迫りなどを備え、大衆演劇の殿堂として多くのファンに愛されつづけている劇場です。

嘉穂劇場の前身は１９２１年に大阪・中座を模して建てられた「株式会社中座」。１９２８年に焼失し、翌年再建されましたが、１９３０年の台風で倒壊、翌年（１９３１年）に再々建され「嘉穂劇場」となりました。

筑豊が炭鉱で栄えていた当時は約50の芝居小屋があったそうですが、現在は嘉穂劇場のみ。公演のない日も建物は一般公開されているとのことです。

石炭産業の衰退もあり、公演数はかなり減りましたが、近年になってレトロな雰囲気が人気となり、活気を取り戻しつつあります。

私のまわりでも「嘉穂劇場に行った！」あるいは「行ってみたい！」と言う人は多く、もう一度見直したい筑豊の財産だと思います。

あー、**チロルチョコ**もありました！

みなさん、チロルは好きですよね？　コンビニのレジなんかでも手を変え品を変え、私を誘惑してくるあのチョコです。なになに、季節限定ですと？　そりゃ食べておかないと！と、ついつい買ってしまう、性悪女みたいなチョコ。私のアイドルでもあるそのチロルチョコが、なんと田川発祥なんです。

誕生は１９６２年。50年以上の長きにわたるロングセラー商品で、製造元は福岡県田川市にある「松尾製菓株式会社」。１９０３年設立の１１０年を超える歴史を持つ企業です。

現在の発売元は「チロルチョコ株式会社」（東京都）となっていますが、この会社は２００４年に分社化された松尾製菓の販売・企画部門。松尾製菓はチロルチョコの製造工場の運営会社というポジションになっているようです。

こんなかわいいお菓子を生み出した街が怖いわけありませんよね。

Ⅲ　ドラマティック・シティ北九州

第7章 誇るべきまち北九州

1 北九モンのルーツが見える工場夜景

1901年、八幡村（北九州市八幡東区）に、当時東洋最大を誇った官営八幡製鐵所（現・新日鐵）が開設されたのを皮切りに、戸畑鋳物（現・日立金属）、東芝、東洋製罐、旭硝子などの工場が次々と開設され、北九州は日本屈指の工業地帯となっていきました。

高度経済成長期、工場群の煙突からもくもくと立ち上る七色の煙を見上げ、人々が何を思っていたのかは知る由もありませんが、豊かな未来、幸せな明日を夢見て一生懸命働いていたことだけはたしかです。

2015年、**官営八幡製鐵所**の旧本事務所、修繕工場、旧鍛冶工場、および鉄鋼生産に必要な

若戸大橋と工場夜景　© Koji Kobayashi

工業用水を遠賀川上流から取水し八幡製鐵所に送水する遠賀川水源地ポンプ室（中間市）が「明治日本の産業革命遺産　製鉄・製鋼、造船、石炭産業」（北九州市を含む8県11市にまたがる23資産からなる）として**世界遺産**に登録されました。

このように北九州と工場は切っても切り離せない関係で、湾沿いにはびっしりと工場が立ち並んでいます。

そしてこの工場群の夜の風景、つまり「工場夜景」なるものが最近にわかに脚光を浴びているのです。

北九州には「**日本夜景遺産**」となっている夜景がいくつもあります。

まず、自然夜景遺産として「**皿倉山**」「**高塔山公園**」。また、施設夜景遺産として「**門司港レトロ展望台**」、さらにライトアップ夜景遺産の「**小倉イルミネーション**」「**スペースワールドウィンターイルミネーション**」、そしてそして、歴史文化夜景遺産である「**戸畑祇園大山笠**」。

どの夜景もそれはそれは美しく、夜景遺産というブランドをいただくずっと前、私の肌がまだシャワーの水をビシバシ弾いていた若いころからデートスポットとして重宝されていた輝きばかりです。

しかし、北九州の「工場夜景」はロマンティックを通り越して、ドラマティック！

黄色にオレンジ、緑に紫とさまざまな光を放ち、まるでSF映画の世界のような圧倒的なス

ひときわ大きな煙突がアイアンツリー　© Koji Kobayashi

ケール感で北九州独特の夜景を創りだしているのです。

なかでも、高さ２０５ｍの巨大煙突「**北九州アイアンツリー**」（新日鐵住金㈱八幡製鉄所・小倉地区）は圧巻です。週末・祝前日の日没後から22時までライトアップしてくれているサービス精神もあっぱれですし、見る場所によって表情を変えるのも魅力的。

猛々しくそびえる煙突から煙がもくもくと立ち上るこの風景に、先人たちは夢と希望を見ていたのでしょう。そんなことを考えながらこの夜景を見つめていると、ふっと子どものころがよみがえったりします。

他にも八幡（黒崎）エリアの象徴である三菱化学㈱「三本の赤白煙突」、戸畑地区・八幡地区では八幡製鐵所のシンボルである高炉をはじめ、多種多様な工場景観を広範囲にわたり堪能することができます。

ここでご紹介したのはほんの一部ですが、北九州が北九州たる所以を満喫するならぜったい工場夜景を見てほしい！

海から工場夜景を楽しみたい人のために「夜景観賞定期クルーズ」「ビアクルーズ」なども用意されています。

猛々しさの中にあるやさしさとか、栄華に隠れた哀愁とか、どんなプロモーションビデオより北九州の魂が伝わると思います。

2 若戸大橋物語

北九州のシンボルのひとつ、**若戸大橋**。1962年に開通した戸畑区と若松区を結ぶ赤い橋で、日本における長大橋の始まりとなった橋でもあります。

当時は東洋一の吊り橋と呼ばれ、その姿を見るために全国から見物客がやってきたほど大きな話題となりました。

北九州、特に若松と戸畑の人たちにとってはさまざまな思い出が詰まった橋ですし、高度経済成長期を支えてくれた頼もしい存在でもあります。

洞海湾に架かる真っ赤な橋、若戸大橋。

帰省してこの橋を見ると、ああ帰ってきたなぁとなんだかとホッとします。

▼架橋のきっかけとなった転覆事故

架橋後に生まれた私たちにとってはあってあたりまえの風景ですが、この橋がこの地に架かるまでには長年にわたる紆余曲折がありました。

若戸大橋　© Koji Kobayashi

橋ができるまではポンポン船という通称で親しまれている渡船のみが、洞海湾を渡る手段でした。

そのため船はいつも満員で、いつか転覆するんじゃないかとみんな心配していたようです。そんな周辺住民の願いもあり、1927年、トンネル案が浮上しましたが、なかなか進展しませんでした。

これを動かす大きなきっかけとなったのが1930年4月2日の若戸渡船転覆事故です。若松「えびす祭」（通称おえべっさん）につめかけたたくさんの乗客を乗せたポンポン船が転覆し73名もの尊い命が奪われたのです。

この事故をきっかけに、周辺住民の願いだった若戸の陸路ルート開通計画が動きだし、再度トンネル案が浮上。1938年に内務省が洞海湾トンネル計画を施行認可したものの、日中戦争で中断してしまいました。

再計画が立てられましたが、またしても太平洋戦争で頓挫。

1953年7月に若松架橋促進市民大会が開催され、ようやく若戸大橋の事業許可がおりたのは1958年でした。

若戸大橋開通は1962年。

最初にトンネル案が浮上した1927年から数えると、実に35年の月日が流れていました。

若戸大橋建設のために奔走した当時の若松市長・吉田敬太郎氏、戸畑市長・白木正元氏をはじ

劇団青春座 2016 年 5 月公演「若戸大橋物語」（脚本 / 葉月けめこ）より

めとする関係者の方々、建設に携わった延べ61万人の技術者の方々、殉職された10人の方々と転覆事故で犠牲となった73人の命。また、この地に生きたたくさんの先人たちの想いが詰まった橋です。

若戸大橋を見上げるとき、このまちに生まれ、このまちで育ったことに感謝せずにはいられません。

3　市民が守った動物園

樹齢200年を超える老木が立ち並ぶ森。

中心部にほどちかい到津の森の一部を切り開き、1932年に生まれた**到津遊園**《いとうづゆうえん》。

戦争中は警察警備隊本部として接収されていたようですが、戦後復活。まさに戦火をくぐりぬけた遊園地です。

1998年4月21日、翌年の春をめどに到津遊園が閉園されることが発表されました。

理由は経営の悪化です。

記者会見は当時の運営会社であった西日本鉄道の社長によって行なわれましたが、その15分後に到津遊園の園長室はマスコミでいっぱいになったそうです。

到津遊園は動物園が併設された遊園地でした。

子どもの教育に重きをおき、1937年には日本初の自然教室である「林間学園」をスタート。これまでに約7万人の子どもたちがこの林間学園で学んできました。

林間学園はもちろん、北九州の遠足は到津遊園で決まり！というぐらい慣れ親しんだ、北九モンにとっては特別な思い入れのある場所です。

私がはじめて象やトラやライオンを見たのも、ロバにのせてもらったのも到津遊園でした。小学校高学年になると、友だち同士で行くことも増えました。動物だけじゃない、ジェットコースターに観覧車、メリーゴーラウンドと、わくわくどきどきするものがぎゅっと詰まった夢の国。

北九州の子どもで到津に行ったことがないという子はまずいないというくらい親しまれ、愛された場所です。

それだけじゃありません。もっとも重要な思い出ポイントは思春期にあります。八幡にスペースワールドができる前、北九モンの初デートといえば、到津遊園が基本。多くの北九モンにとって到津遊園の思い出は初恋と共にあるのです。

そんな到津遊園が閉園するなんて！

市民たちはすぐに行動を開始しました。閉園発表の2週間後には「北九州に動物園を残す会」が発足。賛同した団体は「北九州児童文化連盟」「北九州青年会議所」「北九州市婦人会連絡協議会」「北九州活性化協議会」「動物園を愛する親子の会」などなど。

存続運動は北九州市民の多くを巻き込み、26万人を超える署名が集まったそうです。市民の切なる願いを北九州市も重く受け止めました。

到津遊園は2000年に閉園しましたが、市が経営をひきつぎ、2年後の2002年4月に「到津の森公園」が誕生したのです。

しかしながら、北九州市民の熱意はこれにとどまらず、到津遊園の閉園から2001年度までに、集まった寄付は5200万円以上。

2002年度の来場者は67万8千人、寄付総額は4400万円に達し、到津の森公園は黒字で再出発を果たしたといいます。

と、サラッと書きましたが、実はこれ全国的にみてもかなり稀なことのようです。同じように寄付を募った動物園は他にもあるそうですが、そのほとんどが失敗に終わったそうで。

北九州市民がどれだけ到津遊園を大切に思っていたかが伝わってきます。

前述したように北九州は、小倉、門司、八幡、戸畑、若松という5つの市が合併してできた市です。そんな経緯からどこかにライバル意識があったり、ときに張り合ったりすることもありますが、**何かあったときの一致団結力**はピカイチです！

不思議なまちです。

おかしなまちです。

でも、ほんとうに素敵なまちだと思います。

4 環境再生を果たした〝奇跡のまち〟

『この天の虹』

1958年に公開された木下恵介監督による映画のタイトル。舞台は北九州。八幡製鉄所で働く人々を描いた作品です。

タイトルにある虹とは、当時の北九州の空にもくもくと立ちのぼっていた七色の煙をさしています。

高度経済成長期、北九州の人々は工場の煙突から立ち上る七色の煙に希望をゆだねていたと言います。

しかしながら、劇中にも「あの煙はほんとうに天の虹なのか？」という問いかけが込められているように、希望だったはずの七色の煙は、やがて洞海湾を〝死の海〟にしました。

1960年代、北九州の空は「ばい煙の空」と呼ばれ、その大気汚染は国内最悪を記録したのです。

そこで立ち上がったのが子どもを持つお母さんたち。

「青空が欲しい！」というスローガンを掲げ、自発的に大気汚染状況の調査を開始、その結果をもとに企業や行政に改善を求める運動を起こしました。

この声を受け、北九州市も迅速な対応を実施。市民、企業、行政が一体となってこの問題に取り組んだ結果、最悪だった環境は急速に改善され、１９８０年代には、環境再生を果たした〝奇跡のまち〟として国内外に紹介されるようになったのです。

かつて大腸菌もすめないと言われた洞海湾には、現在１００種類以上の魚介類が生息、多くの野鳥も飛来してくるようになりました。


北九州は今、公害を克服した技術と経験を生かし、環境国際協力や循環型社会づくりを進めるとともに**「世界の環境首都」**を目指したまちづくりを行なっています。

こういう話をすると、「ひどい環境で育ったね」と顔をしかめる人もいます。けれど、どう振り返ってもうらみごとは出てきません。私たちはたしかにこのまちで大きくなったし、このまちは再生しました。

なにより、一度大きな失敗をしたからこその強い意志を持ったまちです。環境首都になる日も遠くはない！　そう私は思っています。

第8章　デキるまち北九州

1　北九州には美味しいものしかないけね

「北九州に行ったら何を食べたらいいの？」

少し前になりますが、こんなことを聞かれて答えに詰まりました。

博多のもつ鍋とか、熊本の馬刺しなどのように、絶対的な食べ物が思い浮かばないのです。

おかしい、なにかあるかでしょ？　なぜポンッと出てこない？

ひとしきり考えて気がつきました。

北九州は何を食べてもおいしいのです。

もちろん、お母さんが料理下手な家庭もあるでしょうし、たまのハズレ店に当たっちゃうこともあるかもしれません。ですが、居酒屋をはじめどんな店に行ってもほとんどハズレることがないのが北九州です。

スーパーで売っている魚だって鮮度がいいし、土地柄ふぐ刺しもスーパーでリーズナブルに購入できます。

海の幸はもちろん、基本的に素材がいいですからまずくなりようもないのです。

しかも、北九州は物価が安い。美味しいものが安く食べられるまちなんですね。

これが東京だと居酒屋チェーン店ですら大ハズレしたり、ぼったくり居酒屋まであったりしますが、北九州のような狭い街でそんな不誠実な店が生き延びることはほぼありません。

お寿司だって、回るお寿司にいかなくても、ほんのちょっとぜいたくすれば普通のお寿司屋さんで美味しいお寿司が食べられます。

東京で美味しいお寿司を食べようと思ったら、清水の舞台から飛び降りるぐらいの覚悟が必要ですけどね。

こんなふうにとんでもないハズレに当たることもなく、〝安くて美味しいがあたりまえ〟という感覚で生きてきた私たち。ですから、何が美味しいか?という問いにすぐさま答えられないのです。

門司の焼きカレーや戸畑ちゃんぽんなどのように、ブランド化を進めているものもありますので、そちらはぜひご賞味いただくとして。

北九州の食を堪能したいなら、やはり北九州の台所といわれる旦過市場に行っていただきたい。

▼北九州の台所　旦過市場《たんがいちば》

大正2〜3年ごろ、そのすぐそばを流れる神嶽川《かんたけがわ》を上る船が荷揚げをして商売をはじめました。そこから自然発生的に形成されていった日本随一の水上マーケットが旦過市場です。

小倉北区の市街地のど真ん中にありながら、昔ながらの風情を色濃く残しているのも特徴。全長約180メートルの通りを中心に、迷路のように路地がのびた場内は、ほとんどの建物が昭和30年代に建てられた年代物ばかり。そこには鮮魚を中心に野菜、肉、総菜、乾物、果物など110軒ほどのお店が所狭しとひしめきあっています。

そんななかで話題になっているのが、北九州市立大学と旦過市場の共同事業により2008年にオープンした「**大學堂**」です。

街の縁台として学生たちを中心に演劇・音楽・絵画などさまざまな文化を発信していくだけでなく、名物となりつつある「大學丼」も提供しています。

「大學丼」とは、大學堂で白ご飯を買い、丼片手に市場をうろうろ。お刺身や揚げ物など好きな具材を丼にのせてもらったら、大學堂に戻って食べるという画期的なシステム。お客さんはお買い物とお食事を一度に楽しめるというわけですね。

こういう自由な発想も北九州らしいなと思うわけです。

旦過市場(上)と
その中にある「大學堂」

現在旦過市場の再開発計画が進んでいるとか。建て替えもいいけれど、なんとかこの地ならではの光景を残した形で、と願ってやみません。

2　交通ストレスが非常に少ない

まるで近未来都市のように小倉駅からびゅーんと伸びるモノレール。街のあちこちを走っている西鉄バス。地下鉄こそないものの、北九州の交通網はとても充実しています。

2000年まではちんちん電車と呼ばれた路面電車も走っており、子どものころはもっぱらこのちんちん電車を利用していました。

だって戸畑の中心部から「戸畑線」に乗れば小倉まで、「枝光線」に乗れば八幡まで、もれなく運んでくれるからなんにも考えないで済むんですもん。

バスだって同じです。このバス停から乗ればどのバスに乗ってもだいたい戸畑駅にいく。あるいは小倉駅に行く、みたいななんとなくの知識があって。子どもでもほとんど迷わず目的地につけました。

細かい停車地まで知らずに乗ってしまうので、乗ったバスによってはすっごく遠回りしたり。そのせいで倍ぐらい時間がかかることもありましたが、おおざっぱな北九っ子にはぴったりのアバウトなバス冒険と思えばまた楽しで、不思議と不安を感じることはなかったんです。

高校時代の私は徒歩通学でしたが、バスに揺られて通学している友だちをどこかうらやましく見ていたものです。

そんな私はいまだにバスが好きなのですが、悲しいかな都内ではほとんど乗る機会がありません。20年以上利用していてもちっとも覚えられないくらい電車の路線数がありますからね。バスに乗る理由も余裕もありません。

それとは逆に、北九州ではマイカー利用者増加という理由でバスをはじめとする公共交通機関の利用者が減っているといいます。これだけ交通網が充実しているのに、もったいないなあと思わずにはいられません。

いやね、車を使わないとどこにも行けない田舎だというなら仕方ないですよ。だけど、そうじゃないですよね。バスを使えばだいたいどこへでも行けます。

北九州内はほとんど渋滞もないので、車移動したい気持ちもわからなくはないけれど。もっと使いましょうよ、バスを、モノレールを、電車を。

みんなが使わんけ、ちんちん電車だって姿を消したやないん?

まあ、道路の真ん中を走っていて邪魔やったんかもしれんけど。

消えていくものにあまり未練を感じない私ですら、路面電車にはいまだに帰ってきてほしいと思っています。

バスはそんなことにならないように、みんなもっとバスに乗ろうや！

という、個人的な願いはさておき。

北九州の交通機関が充実しているのは事実です。通勤ラッシュ時だって東京に比べればめっちゃかわいいもの。車社会とはいいながら、渋滞もほとんどありません。都市でありながら、移動に関しては非常にストレスが少ない街なのです。

3 地震発生確率が非常に低い北九州

驚くほど災害が少ない、それが北九州です。

九州ですから、台風はそれなりにやってきますが、直撃レベルとなるとぐんと少なくなります。地震にいたってはほとんどありません。私が北九州に住んでいた間も一度あったかどうか……実をいうと記憶にすらありません。

ですから、北九州在住のころは災害に対する備えもほとんどしていませんでした。私の実家でも高い棚の上に大皿だの壺だのが乗せられていたり、無防備このうえないありさまでした。

「地理的に日本海側に面している部分が多いこと、また地震が多発しているプレート境界から離れていることから、北九州は大地震が発生しにくい」と言われています。

「市内にも内陸型活断層は2箇所ほど確認されているそうですが、発生確率は非常に小さい」とのことです（北九州市公式情報サイト「北九州ライフ」より）。

そんなわけで、北九モンが上京するとまず地震の多さに驚きます。いちいち机の下に隠れなきゃならないので忙しいです。

実家に帰るとこれまで気にならなかった〝高いところのモノ〟が落ちてくるような気がして落ち着きません。災害が少ないので危機感もなかったんですね。

なので、２００５年の福岡県西方沖地震にはかなり驚いたようでしたが、棚の上のモノたちはそのままでした。

やっと重い腰をあげたのが、２０１６年4月の熊本地震。戸畑は震度2〜3ぐらいだったと思いますが、さすがに地震の怖さに気付いたようで、実家の棚の上からモノがすっかり消えました。

北九州にこの先大きな地震がないとは言い切れませんが、確率はかなり低いようです。そういった意味でも安心して暮らせる街ではあるんですね。もちろん備えは大事ですけど。

4　1万人が防犯パトロールをする〝意識高い系都市〟

持病を抱えていたり、自分の身体の弱さに自覚がある人は、こまめに健診をしたり、体に異変を感じるとすぐ受診したりするので、本人が思うよりずっと健康的だったり、長生きすると言われていたりします。

逆に、体力や健康に自信のある人は自分の身体を過信しがちなので、風邪をひいたり、ちょっと体調が悪くても放っておきがちだったりして、気づいたら重症になっていたという話もよく聞きます。

前述しましたが、〝危険な街〟に暮らしているという実感はないけれども、ほとんどの北九州市民は自分たちの街が〝危険な街〟だと呼ばれていることを知っています。

ですが、ほんとうのほんとうに北九州は危険なんでしょうか？

北九州市が公表している２０１２年「政令指定都市、人口１０００人あたりの刑法犯認知件数」をみてみると、大阪市22・69、名古屋市18・22、福岡市17・88、千葉市15・26、堺市15・11、京都市14・73、岡山市14・64、神戸市14・22、さいたま市13・20、北九州市は12・77と、思ったよりずっと下位です。

市によると、北九州市内の刑法犯認知件数は２００２年の約４万件をピークに減り続け、２０１５年は約1万件。

犯罪発生件数の〝少なさ〟トップ3を目指し、２０１４年から北九州市全域で市民が参加する「1万人の防犯パトロール大作戦」を実施。２０１５年には１７１カ所で計約1万４千人が参加しました。

この一大イベントをさらにアピールするため、２０１６年は「安全ベストを着て集まった最多人数」という世界記録にも挑戦。見事達成したようです。

1万人が防犯パトロールをするだけでもすごいのに、世界記録にまで挑戦するとは！　せっかくだったら楽しくやろう！　何かに挑戦しよう！　これもまた祭り好きな北九州ならではじゃないでしょうか。

また北九州には「自分たちの地域は自分たちで守る」を合言葉に、地域住民で結成している自主防犯組織「生活安全パトロール隊」もあります。犯罪や事故の防止はもちろん、子どもの見守りや青少年の非行防止、あるいは見通しの悪い場所はないかなど、常日頃から目を配っているのです。

みんな自分たちのまちが危険だと噂されていることを知っているし、危険要素があることも認めています。だからこそ、市民が一丸となって犯罪を減らそうと声をあげ、恥じることなく世間にアピールしています。

これはもう〝意識高い系都市〟と呼んでしかるべき。

もしかしたら、北九州が世界でいちばん安全なまちだといわれる日も近いんじゃないかしらと思ったりもするのです。

5　北九州はミニ神戸？

北九州ってミニ神戸だよね？

先日、上記のような驚くべき主張を聞きました。

え、神戸ってあのハイカラな港町として有名なおされタウンのことよね？

たしかに、かつて門司は日本三大港として神戸、横浜と並んでいた港ではありますが。

まじで？　ないない、んなわけない。まったくイメージがつながりません。

っていうか、〝ミニ〟ってなによ？　そもそも神戸のフリなんてしたことないし！

まあ、エセと言われるよりはマシだし、ウエルカム気質の北九モンとしてとりあえずそのかたの言い分を考察してみたいと思います。

「洋館を活かした街づくりをしてるじゃん？」

たしかに。神戸は異人館、北九州には門司港レトロがありますね。なんかちょっとそんな気になってきました。

「どっちも国際貿易港として栄えたまちじゃん？」

その通り！　だから素敵な建物がたくさん残っているんですよ。

「夜景が綺麗じゃん？」

たしかに皿倉山は新日本三大夜景のひとつに選ばれていますが、長崎は？　長崎も貿易が盛んだったわよね。


このへんでハッと気づきました。

北九州じゃなく、門司のみならミニ神戸と言われてもいいのかもしれない。というか、横浜とか神戸と並んでおされタウンと呼ばれていた可能性もあったはず。

なんかごめんね、門司。

でも、あなたが北九州の玄関として門をピカピカに磨いてくれているおかげで、北九州の魅力も10倍増しです。

6　北九州一のハイカラ、門司港レトロ

年間200万人を超える観光客が訪れる観光地、門司港レトロ。大正、昭和のモダンな建物が今でも残るレトロエリアには、まるでタイムスリップしたかのような風景が広がります。中国大陸だけでなく、ヨーロッパの船も寄港していた港ですからね。さまざまな文化の影響が見られるのも見所のひとつじゃないでしょうか。

そんなわけで北九州といえば門司港レトロ！みたいな存在になっていますが、こちらのグランドオープンは1995年。私が福岡に住んでいたころは現在のように洒落たエリアではなかったし、このように粋な名前もついていませんでした。

とはいえ、そもそも国の重要文化財である**JR門司港駅舎**（1914年築）がめちゃくちゃ雰囲気があるので、絵になる場所だったことはたしか。門司港レトロとして整備される前から、若

門司港レトロと関門橋　Ⓒ Koji Kobayashi

者たちはよくドライブに行っていました。

門司港〜和布刈《めかり》公園ってのがひとつのコースで、ちょっと足をのばして関門トンネルをビューンとくぐり、下関まで行っちゃったりなんかするころにはすっかりいい感じ♪みたいな。まあ、どこへいっても見えるのは海ばかりですが。だがしかし、それがよかったんです若者には。

昭和の時代、北九州の若者はデートといえばとりあえずドライブでしたから。「車を持っていればモテる」「海を見せれば女の子は落ちる」という都市伝説ばりの短絡的思考がまかり通っていましたもんね。

実際は「車を持ってないと見向きもされない」「海を見せたところで、お前の顔をみてガッカリすればそこでおしまい」ってなところでしょうが、そんな冷静な判断はしません。それが九州男児の単純さというかかわいさというか、女子を助手席に乗せたらもう前しか見えない。とにかくどいつもこいつも海に向かうわけです。アカウミガメの子どもじゃあるまいし。

などと男子ばかりを責めるわけにもいきません。だって、ほとんどの女子が夜の海とか港にめっぽう弱いから。夜の空港も似たような効果がありますね。

なんでしょうかね。そういう場所ってある種の別れを連想させるんでしょうか。この海の向こうに、空の向こうにいつかあなたが、いいえ、もしかしたら私が行ってしまうかもしれない……みたいな。で、なんとなく切ない気持ちになって、ふと横を見るとそこにあなたが……。どんなに鼻息荒く見つめられていても、2割増しぐらいで素敵な男性に見えたかもしれません。

さておき、門司港レトロです。

そんなわけで私の門司港レトロ初体験は10年前ぐらい。はじめてじゃないけど、はじめての感覚でテンションがあがりましたね。観光客のみなさまもよろこんでくださるに違いないと確信しました。

また門司港を発祥の地とする名物といえば、ライスの上にカレーとチーズや卵などをのせ、オーブンで焼いた「**焼きカレー**」が有名です。先日はじめて食べましたが、普通においしかった！

なぜカレーなのか、なぜ焼いたのか、特に北九州ならではの事情も感じませんし、ちょっとお洒落すぎやしない？って気もしますが。

かつては国際貿易で栄えた門司港ですから、洋食文化もいち早く発達していたはず。北九州で〝ハイカラ〟という言葉が似合う場所は、門司港をおいてほかにありません。

大正期にネオ・ルネサンス様式で建設された門司港駅舎は、切符販売所、払戻所、待合所、食堂、洗面所なども当時の形。

なかでも門司港駅に行ったら必ず見ていただきたいのが「**帰り水**」と呼ばれた水飲み場。戦後、復員や引揚者が門司港に上陸し、この水を飲んでホッとしたということから、誰ともなくこの水は「帰り水」と呼ばれるようになったそうです。

＊残念ながら門司港駅は２０１２年より保存修理工事中です。工事終了予定は２０１８年3月末となっています。

第9章

ドラマのあるまち北九州

1 映画のまち

北九州は今、映画やテレビドラマのロケ地として業界から熱い支持を得ています。これは市民、もしくは北九州出身者にとってめちゃくちゃありがたいことで、映画やドラマを観ているとき、期せずして〝見慣れた風景〟を発見したときは小躍りしたくなります。

「すごかろ？　うちのふるさと、すごかろ？」ってなもんです。

幼いころでいえば、ＴＢＳ系列**ドラマ『日本沈没』**（１９７４年）。たしかオープニング映像に日本各地の名所と並び若戸大橋の姿が映しだされていました。東洋一の橋とは聞いていても、子どもにはピンときていなくて。その映像を観てはじめて「テレビに出るほどすごい橋なんだ！」

と誇らしく感じたものです。

▼小倉井筒屋で大爆破

最近でいえば**ドラマ『MOZU』**ですね。テレビの前に正座して待つほどの勢いで楽しみにしていたドラマなんですが、開始早々私の目に飛び込んできたのが、若いころ何往復したかもわからないぐらい歩き慣れた道。

「え！　井筒屋⁉　これぜったい井筒屋んとこのあの通り（クロスロード）やん‼」と、ドラマのドキドキともあいまって超興奮状態におちいりました。我が街を映画やドラマの中で見ることは市民にとってはたいへんうれしいことであり、誇らしくもあるんですね。

さて、このクロスロードで撮影されたのは『MOZU』の爆破テロシーンなんですが、実はこれ業界的にとってもすごいことなんです。北九モンにとってはなじみ深いあの道も、他地域のかたにはまったくピンとこない場所のはずですので、ちょっと説明します。

あの爆破シーンを撮影した場所は、東京でいうと〝銀座三越周辺〟みたいなところ。遊歩道のような通りで車の往来こそありませんが、人通りは多いです。街ナカに見える、ではなく、本気の街ナカです。オンエアでも〝銀座井筒屋〟になっていましたが、北九州の銀座みたいなものだと思っていただければわかりやすいかもしれません。オンエアを観たとき、喜ぶと同時に「あんな人通りの多い場所でよく撮影できたなあ」と驚いたのも事実です。

そしてこの「よく撮影できたなあ」というのが、北九州が今〝映画のまち〟と呼ばれている所以のひとつでもあるのです。某テレビ局のプロデューサーいわく、「**街ナカでほんとうに爆破させてくれるところは、今現在北九州しかない**」とのこと。地方の山間などであれば爆破可能な場所もあるそうですが、〝街ナカで爆破〟というのはかなりハードルが高いようです。

▼爆破テロに銃撃戦！　ハリウッド並みの大規模アクションシーンを可能に！

そんな不可能を可能にしているのが2000年に設置された「**北九州フィルム・コミッション**」（**KFC**）です。北九州市は、1989年から映画やドラマ等の撮影誘致と支援に取り組み、2000年には北九州商工会議所、北九州活性化協議会、北九州青年会議所、西日本産業貿易コンベンション協会、北九州市観光協会と共に北九州フィルム・コミッションを設立しました。つまり市が一丸となって撮影に協力、支援しているまちだということですね。

KFCには本書にも多大なるご協力をいただいているのですが、意気込みがすごいんです！「〝できない〟と言わない。できないではなく、どうすれば実現できるかを考える。それが楽しい」

聞きましたか、みなさん。これぞ北九州魂じゃないですか！

2016年でいえば、**映画『相棒―劇場版Ⅳ』**のロケ。JR小倉駅近くの6車線道路約300mを12時間封鎖しての撮影です。

映画『WILD 7』（ワーナー・ブラザーズ　2011）　Ⓒ KFC
爆破シーン。瑛太、椎名桔平、丸山隆平らが出演。『海猿』シリーズの羽住英一郎監督によるハイパーアクションエンターテインメントでは、門司港レトロ地区での爆破シーンが撮影されました。有名な観光地がまさかの爆破 !?　男たちの壮絶な戦いの舞台になりました。

ドラマ『MOZU』Season1（TBS・WOWOW　2014）　Ⓒ KFC
小倉井筒屋クロスロード。「撮影は北九州と最初から想定していた」と、羽住英一郎監督。「小倉駅には新幹線もとまるし、宿泊施設も豊富。しかも高速道路が大変便利なので、ほとんどのロケ場所に 30 分以内で移動できる」のも魅力だったとか。

６車線を12時間封鎖ですよ！　しかも新幹線も停車する小倉駅の近く、つまり大都会ですよ。行政や市民の協力がなければできないことです。

主演の水谷豊さんがインタビューで「台本を読んだときに、こんなことできるんだろうか？と思っていました。北九州はまさに救いの神でした」と話しておられたのを見て、私まで鼻高々になったエピソードです。

また**映画『バトル・ロワイアルⅡ　鎮魂歌』**においては、深作欣二、深作健太の両監督より、中学生が殺しあう映画を撮りたい！との希望に「手をあげてくれたのは北九州ＦＣだけだった」とのコメントが寄せられています。

このチャレンジ精神こそ北九モンが北九モンたる所以なのではないでしょうか。

「すごかろ？うちんだん（私たち）の街！」

▼さまざまな時代に対応できる街並みと市民の心意気

北九州が〝映画のまち〟と呼ばれる理由はまだまだあります。

百万人近い人口を持つ都市ながら、さまざまな時代に対応できる建築物や街並みや自然が市内のあちこちに残されているということ。しかもそのほとんどの場所を30分以内で行き来できるという便利さです。

さらに、大規模ロケにはエキストラの存在が必要不可欠ですが、ＫＦＣさんのご尽力により、現在北九州には7000人を超えるボランティア・エキストラ（&スタッフ）が登録しており、市民の協力体制の充実っぷりもハンパありません。前述した映画『相棒―劇場版Ⅳ』ロケには3000人のエキストラが参加しています。これだけのエキストラがサクッと集まることも、北九州が〝映画のまち〟と言われる理由のひとつになっています。

これもたぶん、目立ちたがり屋で祭り好きな北九モンの気質ゆえなのでしょうが、もうひとつ、困った人を見ると放っておけない人情の厚さが関係しているとも思われます。

「なになに、相棒の撮影に3000人の群衆が必要やと？　これはひと肌脱がんといけんね～！」ってな具合です。

お金じゃないんです、気持ちです。自分がちょっと動いたことで喜んでくれる人がいる。おまけにテレビに映るかもしれないなんて、こんなにうれしいことはありません。目立ちたがり屋が

© KFC

映画『MOZU』の公開では、市民はもちろん市をあげての応援となりました。写真は井筒屋クロスロードですが、魚町銀天街にも「MOZU 市」垂れ幕がびっしり。この時期、たまたま帰省していた私は、小倉の街が「MOZU」一色になっているのを見て、北九州の懐の深さを再確認したのです。

災いして、しくじることもありますが、細かいことは気にしない、とにかく気持ちの良い人間が多いのも北九州の良いところです。

加えて、「外から来る人を歓迎し、ごく自然に受け入れる」という昔からの気質が手伝っていますから、北九州に一歩足を踏み入れれば親戚も同然。撮影という〝祭り〟を盛り上げるために一生懸命がんばります。

エキストラで出演して楽しい、観ても楽しいという一粒で二度おいしい映画のまち・北九州は、街全体がアトラクションのようなものといっても過言ではないでしょう。

▼映画やドラマのなかの北九州

それでは、北九州をロケ地とした映画やドラマの一部をご紹介いたしましょう。

ロケ年度	放送、配給 or 製作会社	映画・ドラマタイトル（以下表記なしはドラマ）	主なロケ地
1989	東　映	映画『ウォータームーン』	門司港駅
1990	松　竹	映画『カンバック』	西日本総合展示場
1991	テレビ東京	『北九州・洞海湾に立つ女』	洞海湾
1992	松　竹	映画『夢の女』	門司港駅
1993	フジテレビ	『裸の大将～北九州市編』	高塔山、若戸大橋、コスモス街道
1998	松　竹	映画『釣りバカ日誌10』	めかり神社、スペースワールド、都島展望公園
1999	松　竹	映画『39　刑法第三十九条』	門司港駅、めかり周辺
2000	テレビ朝日	『はみだし刑事　情熱系ＰａｒｔⅣ』	響灘埋立地（現エコタウン地区）
	ＲＫＢ	『The Old Dick』	門司港レトロ地区、関門海峡（ノーフォーク広場）
2001	松　竹	映画『ウルトラマンコスモス2　THE　BLUE　PLANET』	小倉城、ＪＲ小倉駅、新北九州空港建設地
	ＢＳ－ｉ	『アイノウタ　ａｉ　ｎｏ　ｕｔａ』第1、2、3話	中央卸売市場、関門海峡、洞北中学校

ロケ年度	放送、配給or製作会社	映画・ドラマタイトル（以下表記なしはドラマ）	主なロケ地
2002	ビーワイルド	映画『花』	門司港西海岸『マリンゲートもじ』付近
	東宝	映画『スパイ・ゾルゲ』	西日本工業倶楽部、旧三井倶楽部
	フジテレビ	『ホーム&アウェイ』第6、7話	門司港周辺、清滝
	プロフェッショナル・マネージメント	映画『旋風の用心棒』	JR門司港駅、国際会議場、旦過市場、響灘埋立地
	東映	映画『バトル・ロワイアルⅡ』	平尾台、門司・採石場
	日活	映画『精霊流し』	北九州埠頭、広寿山福聚寺
2003	東映	映画『偶然にも最悪な少年』	JR小倉駅、魚町銀天街、旦過市場
	paranoid kitchen	映画『体温』	門司港レトロ地区、岩屋海岸
	テレビ朝日	『流転の王妃・最後の皇弟』	西日本工業倶楽部
	シネマ・アルチ	映画『ウイニング・パス』	岩屋千畳敷、若戸渡船
	東宝	映画『海猿 UMIZARU』	めかり観潮遊歩道、共愛会戸畑診療所
	東映	映画『69 sixty nine』	黒崎・藤田銀天街
	NHK	『シェエラザード』	旧食糧倉庫・同事務所棟
	テレビ朝日	土曜ワイド劇場『タクシードライバーの推理日誌』	和布刈公園、鍛冶町、紫川
	ハピネット・ピクチャーズ	映画『L，amant（ラマン）』	若松風車、羽衣町階段
	シナノ企画	映画『勇気の3000キロ』	関門人道トンネル
2004	シネムーブ	映画『カーテンコール』	前田有楽劇場
	NHK	『我こそサムライ』	若戸大橋下親水公園、戸畑桟橋
	TBS	『青春の門―筑豊編―』	旧食糧倉庫、JR門司港駅、遠見ヶ鼻
	東映	映画『四日間の奇蹟』	小文字山展望台付近、共愛会戸畑診療所
	東宝	映画『この胸いっぱいの愛を』	涼山亭、門司港アート村、岩屋海岸
2005	フジテレビ	『海猿 UMIZARU EVOLUTION』第1、6、7話	JR門司港駅
	東宝	映画『ALWAYS 三丁目の夕日』	筑豊電鉄
	TBS	『広島・昭和20年8月6日』	JR門司港駅
	ギャガ・コミュニケーションズ	映画『初恋』	黒崎中央公園、新砂津橋、波打町
	松竹	映画『出口のない海』	JR九州小倉工場
	ワーナー・ブラザーズ	映画『DEATH NOTE デスノート』	北九州市立美術館
	フジテレビ	『アテンションプリーズ』第1話	新北九州空港、門司港レトロ地区

ロケ年度	放送、配給or製作会社	映画・ドラマタイトル（以下表記なしはドラマ）	主なロケ地
2006	GyaO	『少女には向かない職業』	勝山橋、魚町銀天街
	ファントムフィルム	映画『The 焼肉ムービー プルコギ』	鴎外橋、栄町銀天街、旧古河鉱業ビル
	プログレッシブ ピクチャーズ	映画『キャプテントキオ』	岩屋海岸、若松風車、旧門司競輪場
	AHAMONGLOLFILM INTERNATIONAL	タイ映画『チョコレートファイター』	日明小学校、若松南海岸、響町風力発電施設
	フジテレビ	『虹を架ける王妃 朝鮮王朝最後の皇太子と方子妃の物語』	西日本工業倶楽部
	チームオクヤマ	映画『天国からのラブレター』	小倉城、チャチャタウン小倉
	松竹	映画『東京タワー～オカンとボクと、時々、オトン～』	小倉駅前大丸ビル名店街
	ゼアリズ エンタープライズ	映画『風の外側』	門司港レトロ地区、門司西海岸
	スタイルジャム	映画『サッドヴァケイション』	平尾台玄海青年の家、若戸渡船
	フジテレビ	『東京タワー オカンとボクと、時々、オトン』第1話	旦過市場、天神町商店街（戸畑）
	ランブルフィッシュ	映画『世界で一番美しい夜』	若戸大橋、旧麻生鉱業ビル
	フジテレビ	『山村美紗サスペンス 京都門司港殺人事件』	JR門司港駅、港ハウス
2007	東宝	映画『ALWAYS 続・三丁目の夕日』	前田有楽映画劇場
	テレビ朝日	『法医学教室の事件ファイル25』	ノーフォーク広場、若松南海岸
	フジテレビ	『はだしのゲン』	JR九州小倉工場、上野海運ビル
	NHK	『海峡』第1、3話	上野海運ビル、JR門司港駅
	東宝	映画『ザ・マジックアワー』	めかり第二展望台、旧食糧倉庫
	フジテレビ	浅見伝説三部作第一弾『耳なし芳一からの手紙』	めかり公園
	NHK	『フルスイング』第1、2、3、4、5、6話	牧山海岸、若松高校、都島展望公園グラウンド
	東宝	映画『K-20 怪人二十面相・伝』	旧サッポロビール醸造棟、上野海運ビル、足立配水池
	ソウルボート プロダクション	映画『KIZUKI』	八幡小学校、西丸山町、椎ノ木団地
2008	ワーナー・ブラザース／東映	映画『おっぱいバレー』	南小倉中学校、風師中学校、大谷中学校、富野台、筑豊電鉄萩原駅付近
	東映	映画『島田洋七の佐賀のがばいばあちゃん』	JR門司港駅
	テレビ朝日	『警官の血』（前編）	敬止館、旧戸畑区役所
	フェローピクチャーズ	映画『信さん 炭坑町のセレナーデ』	堀川町

映画『おっぱいバレー』（ワーナー・ブラザース／東映　2009）©KFC
萩原電停。なんと、街自体を終日封鎖して撮影が行なわれたのだとか。『おっぱいバレー』には他にも懐かしい風景がもりだくさん。昭和レトロな雰囲気を残す筑豊電鉄、放射状の５差路や遮断機のない踏切などなど、古くから残る街並みがとても効果的に昭和の時代を演出しています。

映画『交渉人　The　Movie』（東宝　2010）©KFC
北九州空港。セキュリティの問題で日本国内では撮影不可能と思われた空港エプロンでの実機を使ったハイジャックシーン。KFC の粘り強い交渉と多くの関係者の協力により北九州空港で実現しました。さすが、不可能を可能に変える北九州‼

ロケ年度	放送、配給 or 製作会社	映画・ドラマタイトル（以下表記なしはドラマ）	主なロケ地
2008	フジテレビ	『黒部の太陽』	JR門司港駅
	テレビ東京	『女サギ師リリ子』	小倉駅、小倉城
	松竹	映画『風が強く吹いている』	小文字通り、新門司大橋、グリーンパーク
	FBS	『産業医工藤なごみ』	高田工業所、丸山
	NHK	『風に舞い上がるビニールシート』	恒見採石場
	フジテレビ	『すすめ！ひかり侍』	めかりトンネル、旧椿トンネル、小倉城庭園
2009	東宝	映画『THE LAST MESSAGE 海猿』	旧門司清掃工場（現在廃止）
	NHK	『坂の上の雲』	遠見ヶ鼻、脇田海岸海釣り公園
	東宝	映画『交渉人 The Movie』	北九州空港
	フジテレビ	『わが家の歴史』	上野海運、料亭金鍋
	NHK	『わたしが子どもだったころ―藤原新也編―』	門司中央市場、小原市場、めかり観潮公園
	NHK	『清張を巡る対話』	旦過市場、森鷗外旧居、広寿山福聚寺
	日本テレビ	『霧の旗』	JR小倉駅、富野台、茶屋町
2010	WOWOW	『なぜ君は絶望と闘えたのか』	田野浦引込み線、お汐い汲み場
	RKB	『いぬのおまわりさん』	岬の山公園、富野台
	松竹	映画『ウルトラマンゼロ THE MOVIE』	株式会社松尾組 採石場
	TBS	『99年の愛～JAPANESE AMERICANS～』	旧食糧倉庫
	TBS	『西村京太郎サスペンス十津川警部シリーズ44』	九州鉄道記念館、旦過屋台、帆柱ケーブル、皿倉山
	東映	映画『僕達急行 A列車で行こう』	市営室町駐車場、ニシラク乳業株式会社本社工場
	TNC	映画『魔法少女を忘れない』	岩屋海水浴場
	KBC	福岡恋愛白書6	皿倉山
	東宝	映画『ロボジー』	JR門司港駅、新門司老人福祉センター、北九州大学
	中国国家電視台	『猟奇的な彼女』（中国）	スペースワールド
2011	ワーナー・ブラザーズ	映画『WILD7』	門司港西海岸、旧戸畑区役所
	東映	映画『ハードロマンチッカー』	柄杓田天疫神社、清張通り、響灘開発
	ファントムフィルム	映画『『わたし』の人生（みち）』	東筑紫短期大学、ちづる園
	スタイルジャム	映画『サタデーナイト～北九州とロックンロール～』	小倉ベイホテル第一、高塔山、若築資料館
	TBS	『ランナウェイ』第1、2話	門司港駅、畑貯水池、九州職業能力開発大学校
	NHK	『オヤジバトル！』	大正町商店街、明治町商店街、産業医科大学

ロケ年度	放送、配給 or 製作会社	映画・ドラマタイトル（以下表記なしはドラマ）	主なロケ地
2011	NHK	『とんび』前・後編	関門精糖、折戸口団地、小森江東小学校
	東宝	映画『あなたへ』	門司区役所、門司港西海岸2号緑地
	東宝	映画『終の信託』	旧九州労災病院、春の町団地
	テレビ東京	『D × TOWN　スパイダースなう』	長浜漁港、安部山公園、平尾台
2012	NHK	『Journeys in Japan』	皿倉山、東田第一高炉、凧工房まごじ
	日本テレビ	『心ゆさぶれ！先輩ROCK YOU』	市役所本庁舎、萩原電停
	スタイルジャム	映画『共喰い』	関門汽船、恒見町、黒崎商店街
	ロボット	ショートムービー『サントリーお祝い手帳『KOTOBUKI』』	北九州市立高校、浅生シンボルロード
	素浪人	映画『ペコロスの母に会いに行く』	デイサービスさくら館、焼き鳥九ちゃん
	テレビ神奈川	『希望の翼～あの時、ぼくらは13歳だった～』	西南女学院大学、大谷会館、貞元市場
	東宝	映画『図書館戦争』	市立中央図書館、北九州市立美術館
	吉本興業	短編映画『レトロの愛情』	中央市場、九州鉄道記念館駅、海峡プラザ
	ティ・ジョイ	映画『ジンクス!!!』	リバーウォーク、共立大学、北浦公園
2013	ワーナー・ブラザース	映画『黒執事』	海峡ドラマシップ、北九州イノベーションギャラリー
	モア・イングループ、ヴォイス・ファクトリイ	日韓合作映画『ザ・テノール　真実の愛』	みかげ通り、ちゅうぎん通り、小倉井筒屋クロスロード
	TNC	『めんたいぴりり』第1部スペシャル、第2部第1、8、10、14話	矢筈山キャンプ場、旦過市場
	テレビ朝日	開局55周年記念ドラマ『オリンピックの身代金』第一、二夜	北九州モノレール企救丘駅、春の町、飛鷹鉄工所
	九州朝日放送	映画『福岡・天神　時間旅行』	海峡ドラマシップ、門司区役所
	東映	北九州市人権啓発映画『秋桜の咲く日』	山田緑地、戸畑渡船場、若戸渡船
	TBS・WOWOW	『MOZU』Season1　第1～10話	小倉井筒屋クロスロード、八幡中央高校、脇之浦漁港
	テレビ朝日	『トリック新作スペシャル3』	海峡ドラマシップ、延命寺公園
	読売テレビ	『お家さん』	旧門司三井倶楽部、上野海運ビル、若松南海岸
	フジテレビ	『時間の習俗』	和布刈神社、北九州空港
	TNC	『博多ステイハングリー』第11話	北九州空港
	東宝	映画『寄生獣』PART2	到津の森公園、足立公園
2014	CH.3	タイドラマ『KIMONO　HIDEN』	河内藤園
	フジテレビ	『金田一耕助VS明智小五郎　ふたたび』	赤煉瓦プレイス、西日本工業倶楽部
	NHK	『妻たちの新幹線』	JR九州小倉工場
	NHK	『聖女』第2、3話	岬ノ山公園、赤煉瓦プレイス、自由ケ丘高等学校

ドラマ『お家さん』（読売テレビ　2014）　© KFC
上野ビル。大正２年に建てられた国有形文化財建築物に、大正期に日本一の年商を誇った幻の総合商社「鈴木商店」のセットが作られました。鈴木商店の新社屋という設定のため、１階窓の鉄格子やビル内部の壁の部分を一部塗り直し。正面１階部分の外壁を全てセットで囲み、２階以上を CG で合成したそうです。同場所では、『K － 20』のロケも行なわれ、主人公と怪人二十面相の闘いの舞台になりました。

映画『S 最後の警官』（東宝 2015）　© KFC
小倉駅前封鎖でのバスジャックシーン。JR 小倉駅ビルとモノレールが交差する近未来的構造の小倉駅前。古い小倉駅を知っている人たちにとってはよそいき仕様にも見えてしまう風景になりましたが、現在の小倉駅周辺のロケーションは、映画関係者にも注目の的。『S』ではバスジャック犯と SAT の緊迫したシーンが撮影されました。映画『黒執事』では CG で驚きの映像に。

ロケ年度	放送、配給 or 製作会社	映画・ドラマタイトル（以下表記なしはドラマ）	主なロケ地
2014	コネクツ合同会社	映画『私たちのハァハァ』	関門人道トンネル、東田大通り
	テレビ朝日	『霧の旗』	大正町商店街、高塔霊園、ニッスイ戸畑ビル
	NHK-BS	『だから荒野』	めかり展望台
	KBC	『福岡恋愛白書10』	門司港レトロ、富野台北公園、北九州市立大学、柳西中学校
	東宝	映画『図書館戦争 THE LAST MISSION』	北九州市立中央図書館、勝山公園
	東宝	映画『S 最後の警官』	JR小倉駅小倉城口ペデストリアンデッキ
	NHK	『小林一三』～夢とそろばん～	門司港駅、JR九州小倉車両工場
2015	東宝	映画『MOZU』	小倉井筒屋クロスロード
	GMM Grammy	タイドラマ『Devil Lover』EP 1、13、14、15、17	若松恵比須神社、西日本工業倶楽部
	KADOKAWA	テレビアニメ『ビッグオーダー』第1、2話	関門トンネル、上野海運ビル
	『淫売婦（仮）』製作委員会	映画『ある女工記』	新旦過、上野海運ビル
	CH.7	タイドラマ『Once Upon A Time...In My Heart』	魚町サンロード、八坂神社、小倉城庭園
	NHK	『逃げる女』5、6話	大正町商店街、えびす市場、若戸大橋
	The Last princess Deokhe Private Company	韓国映画『徳恵翁主』	西日本工業倶楽部
	TNC	ガチ星（第1、2、3、4話）	門司メディカルセンター、メディアドーム、小文字通り
2016	TVQ	絶狼<ZERO>DRAGON BLOOD	門司港レトロ、赤煉瓦プレイス、東田第一高炉
	東映	映画『相棒―劇場版Ⅳ―』	小文字通、JR小倉駅周辺、安田工業株式会社八幡工場
	マジックアワー	映画『グッバイエレジー』	春吉眼鏡橋、小倉昭和館、栄町銀天街
	MBC	韓国ドラマ『不夜城』	西日本工業倶楽部
	DARE TO DREAM	ハリウッド映画『THE OUT SIDER』	旦過市場、ニシムラ倉庫、上野海運ビル
	CH.3	タイドラマ『愛しのエンジェル』	門司港レトロ、ホテルニュータガワ、皿倉山

2　演劇のまち

五市合併の18年前。

北九州にまだ一面の焼け野原が残っていた昭和20年10月に、**劇団青春座**が誕生しました。それから71年。今も精力的に活動をつづける青春座は、男性11人、女性12人からスタートした市民劇団で、現在までに１９００人を超える市民が舞台に立ってきたそうです。

青春座ホームページにはこう綴られています。

「停電のため灯されたローソクの炎が、目白押しに並んだ皆の顔にゆらゆらと影を作っていた。男11人、女12人。世間のまだ誰もが知らない劇団青春座の全員が集合してすでに3時間余りの討論をつくしたあとの、熱っぽい沈黙だった。窓の外に真向かいの八幡警察署の建物が黒々とそびえて、ところどころにローソクのあかりがゆらいでいるだけの、静かな戦後のたたずまいだった」

この後、八幡製鉄所をはじめとするさまざまな職場劇団が旗揚げをし、ともすればうつむきがちな戦後の北九州に笑顔の種をまきました。

ガレキのまちで、北九モンはたぶん「なにくそ、負けるもんか!!」と歯を食いしばり、生きるために戦ってきたのだと思います。そんな日々に笑いや涙、そして明日への希望を見せてくれたのが演劇だったのではないでしょうか。観劇に押し寄せる人々で、会場には常に熱気があふれていたといいます。

オイルショックや財政難でほとんどの社会人劇団は解散してしまいましたが、劇団青春座をはじめ、**飛ぶ劇場**、**劇団C４**、**劇団パパ☆カンパニー**、**ブルーエゴナク**などなど、北九州では現在も30以上の劇団が精力的に活動をしています。

終戦直後、八幡で灯された演劇の火は、今も煌々と燃えつづけているのです。

そもそも戦前から北九州は演劇のまち。大衆演劇の小屋がたち並び、旅回りの一座がひっきりなしにやってきていた芸能のまちだったといいます。

戦火にも消えることがなかった演劇文化の灯は、これからも市民の心のよりどころとして脈々と受け継がれていくのでしょう。

さて、観劇するだけでなく、舞台に立ちたい人のためにも北九州の演劇ステージは大きく開かれています。

「いっぺんでいいけ、芝居に出てみたい！」

「若いころ女優を目指して東京に行ったけど、志半ばで帰ってきた」などなど、消えない灯がくすぶっているかたは青春座へ。

青春座では10代の学生から70代のシニアまで、さまざまな年齢・職業の演者さんが活躍中です！

劇団青春座 2016 年 5 月公演「若戸大橋物語」(脚本 / 葉月けめこ)より

Ⅳ　住みたいまち！

第10章 ゆとりのあるまち北九州

1 待機児童ゼロのまち

2015年、激震が走りました、私に。

なんと日経DUAL調べ「**共働き夫婦が子育てしやすい街ランキング　地方編**」で**北九州市が2位にランクイン**していたのです。

物価が安いというのは帰省のたびに感じていたし、車の渋滞もほとんどない。電車のラッシュだって東京のチョイ混みぐらいのもんだし、終電がなくなるまで飲んだって、だいたいみんなタクシーで帰れる距離に住める。「ちょっとお醤油貸して」がギリギリ通用する昭和的人のつながりなどなど、住みやすさを感じることは多々ありましたが、まさか子育てしやすい街の2位なんて、思いもよらぬことでした。

1都3県（東京・神奈川・埼玉・千葉）の主要地区と全国の政令指定都市計100自治体を対象に調査されたものですが、このランキングで重要視されたというのが、

①保育園（特に0歳児クラス）に入れるかどうか

②子育て・教育費　だそうで、**「もう一人産みたくなる」街かどうか**がポイントのようです。

1位は静岡市。特長としては、認定こども園に力を入れて、保育体制の充実をはかっていることだそう。また育休明けなど保育所に空きがない場合などに、入所できるまでの間、保育する施設「待機児童園」を用意しているんだとか。ほかにもさまざまな支援ありということで、働くママにはほんとうに心強そうですよね。

では、我らが北九州市が2位に輝いた理由はと申しますと。

2015年4月1日時点で、なんと0歳児申請数を上回る定員を設けていた⁉

つまり**待機児童ゼロのまち**ってことですよ、聞きました？　奥さん！

申請数を上回る定員を設けているのは、年度途中の入園を見越して余裕をもたせているためだそうで。待機児童問題がなかなか改善されない都市も多いなか、どうですか、この太っ腹な対応は！

これもやっぱり気質みたいなものが関係しているんでしょうか。私の母も祖母も〝足りない〟

ということが嫌いでした。だからお客さんがくるときはいつも料理を作りすぎる。余るとわかっていても作っちゃうんです。

貧乏性といえばそうなんですが、遠慮のない人、遠慮深い人、いろいろいるじゃないですか。せっかくいらしてくださっているのに誰かが悲しい思いをするのがイヤみたいだったですね。もちろん全員とは言いませんが、まち全体にこんな空気は流れていると思います。

北九州が子育てしやすいまちに選ばれた理由はほかにもあります。

北九州市は、赤ちゃんのいるパパママが気軽に外出できるように、授乳やオムツ替えなどで立ち寄ることができるような施設を「**赤ちゃんの駅**」として登録しているのですが、2016年9月現在、市民センターや百貨店、スーパー、ドラッグストアなどをはじめとする400以上の施設が赤ちゃんの駅として登録されています。

まち全体で子育てをしよう！というこの取り組みに、なんというか昭和の子育てを連想するのは私だけじゃないでしょう。

ほら、昔は悪いことをすると近所のおばちゃんとかにも叱られたから。今はそんなことすると逆に怪しいおばさんなんて言われちゃうこともありますからね。うかつに子どもに話しかけることもできなくなっちゃいましたし。

もちろん、このような状況は北九州とて同じでしょうが、だからこそ市が中心となって少しでも育児にやさしいまちづくりをしていこうという姿勢がうれしいじゃないですか。

ちなみに福岡市は堺市と並んで3位でした。いえ、だからどうってことはありませんよ。もちろんガッツポーズなんてしていませんから。ほんとですって。

2　50歳から住みたいまちNo.1

少し前、「福岡は日本のブラックホールである」説が話題になりました。なんでも、福岡に赴任した人間が本社に帰りたがらないとか。

実際、福岡は昔から住みやすい、暮らしやすいまちとして一定の評価を得ております。

たとえば〝博多チョンガー〟、略して〝博チョン〟。福岡に単身赴任をしているお父さまがたのことをこう呼ぶのですが、この博チョンたちが福岡の地で定年退職を迎えた場合、奥様が待つ家へは戻らず、逆に奥様を呼び寄せて福岡で余生を満喫するケースが非常に多い。そんな噂をよく耳にしておりました。

しかしながらこのケースは福岡市に限ったことで、よもや北九州にはあてはまらないだろうと思っていたのですが……世間のみなさまはよくわかってらっしゃいました！

なんと、宝島社の雑誌「田舎暮らしの本」（2016年8月号）において、全国約200の市区町村を対象に調べた「50歳から住みたい地方ランキング」で北九州市が1位を獲得したのであります！

正直これにはびっくりしました。まさか北九州がそんな高評価を得るとは夢にも思っていませんでしたから。

本書冒頭でネットの情報は思ったほど速くないと難癖をつけましたが、遅れていたのは私も同じだったのです。

では北九州のどこに評価が集まったかといいますと、まず**医療面の充実**ぶり。

市内に90の病院と969の診療所があり（2015年4月時点）、人口10万人あたりの病床数が全国の20政令市のうち2位であること。また救急車要請後の病院到着までの時間も28・9分で2位。さらに介護施設の多さも加点ポイントとなったようです。

そういわれてみれば合点がいくというか、思い当たる節があります。

実は私の身内にも数年前から要介護になっている者がいるのですが、デイサービスやショートステイ、訪問看護・介護などでほとんど困ったことがないのです。帰省時に私も一緒にケアマネジャーさんの話を聞いたことがありますが、手厚いなあという印象でした。

ほかにも、市外からシニア世代を招き、実際に「暮らし」や「仕事」等を体験してもらう「お試し居住」や、高齢者向けコンサートやカルチャー教室の多さも評価の対象となったそうです。

今の70代、80代はお元気ですからね。健康管理はもちろん、老後をいかに楽しむかというのも重要な課題ですよね。

▼全国初「シニア・ハローワーク」誕生！

しかし、50代からの移住といっても仕事は？　収入が減ったんじゃ元も子もない？

安心してください。

全国初となる「シニア・ハローワーク」が戸畑に開設されました。年収は少し下がるかもしれませんが、北九州の物価は政令指定都市のなかでも群を抜いて安いです。

■政令指定都市のなかで１番地価が安い！

札幌	63,200
仙台	75,100
さいたま	182,800
千葉	113,900
東京都区部	524,100
横浜	218,400
川崎	253,900
相模原	152,900
新潟	54,100
静岡	111,100
浜松	71,900
名古屋	168,900
京都	195,100
大阪	231,600
堺	123,800
神戸	141,400
岡山	57,000
広島	108,200
福岡	123,700
北九州	52,000
熊本	65,400

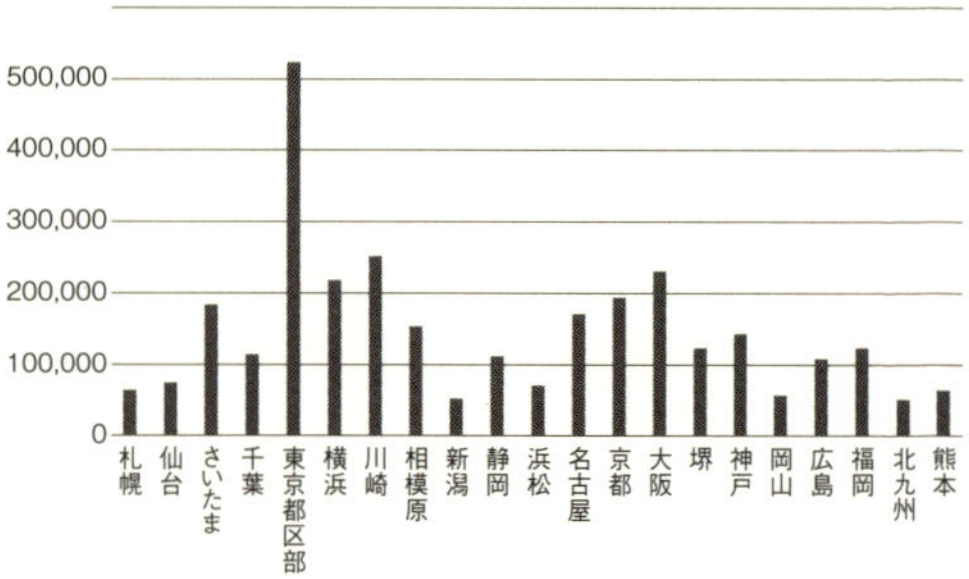

国土交通省 2016 年　地価公示住宅地の平均価格（単位：円／㎡）

■政令指定都市のなかで２番目に物価が安い！

札幌	98.7
仙台	98.5
さいたま	103.2
千葉	100.2
東京都区部	104.3
横浜	103.9
川崎	104.4
相模原	103.6
新潟	99.5
静岡	66.3
浜松	97.6
名古屋	99.7
京都	100.8
大阪	101
堺	100.5
神戸	101.6
岡山	98.9
広島	99.3
福岡	98.3
北九州	97.8
熊本	98.3

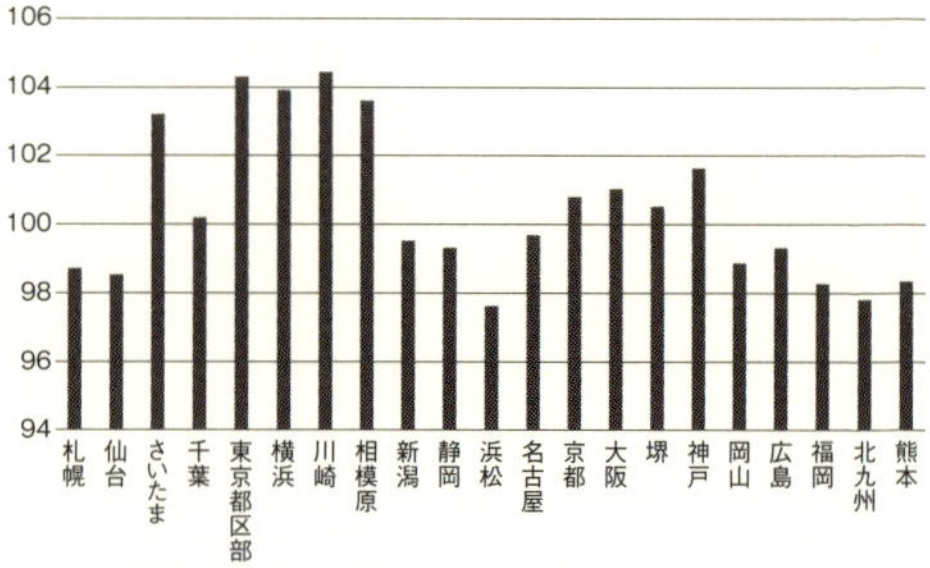

総務省　2015 年平均消費者物価地域差指数　総合〔持家の帰属家賃を除く〕＊全国平均を 100 とする

▼家賃平均もこの安さ！

民営家賃（月坪あたり）北九州　3995円　東京都区部　8622円。北九州より安いのは熊本（3700円）、札幌（3715円）、浜松（3740円）。政令指定都市の中で4番。＊総務省統計局　2016年8月小売物価統計調査。

大都会ではありませんが、ほどよく都会なのが北九州です。なのにこの暮らしやすさ。「女性自身」（2016年9月6日号）でも〃生活天国No.1〃として紹介されたほど注目されているまちなのです。

3　ゆりかごから墓場まで？

さて、みなさん思い出してください。

少し前に北九州が「子育てしやすい街」の2位に輝いたことを自慢しました。

そこに加えて「50代から住みたい街」の1位です。

ってことはですよ？

これはもう「ゆりかごから墓場までのまち」と言っても過言ではないのではないでしょうか？

〃映画のまち〃、〃演劇のまち〃に加え、北九州はたくさんの合唱団が活動する〃合唱のまち〃でもあります。

北九州の文化事業の一環として子どもたちとシニア世代による「グランソレイユ合唱団」を結成。約150名が参加し、プロのオペラ歌手から指導を受けるなど、精力的に活動中です。
また、子ども向けの施設の読み聞かせやおもちゃのメンテナンスなど、シニア世代は北九州の子育て環境にもおおいに力を貸してくれています。

シニアだからって、うかうかしてはいられません。
映画にでる！
舞台に立つ！
歌をうたう！
ボランティアを楽しむ！
若いころの夢をかなえるもよし。今から夢を探すもよし。
忙しいったらありゃしませんよ。
え、踊りたい？
踊ってください、思う存分！
北九州というまちがきっと、あなたを応援してくれます。

エピローグ

本書を執筆するにあたり、北九州フィルム・コミッションさま、劇団青春座 井生定巳代表、素敵なお写真を提供してくださった若松在住の小林浩治さま、また「北九州では今こんなことが起こっているよー」「新聞にこんな記事がでていたよー」と連絡をくれた北九州在住の友人などなど、たくさんのみなさまからご協力をいただきました。この場を借りて、心より御礼申し上げます。ありがとうございました!

本書でも、北九モンは情に厚い、困った人を見ると放っておけない、普段はバラバラでも何かあったら一致団結する!ということを力説してまいりましたが、そんなあれこれを身をもって体験いたしました。

気になることをいろいろ調べていくうちに、北九州で生まれ育ちながらこれまで知らなかったことの多さに驚いたり、なんとなく知っていた情報のなかにドラマが詰まっていたり……私自身にとっても北九州再発見となりました。

そして、やっと気づいたことがあります。

北九州の良さに気づいてないのは、他でもない北九モン自身なのではないかと。

物価が安かったり、食べ物がおいしかったり、待機児童ゼロだったり。ほんとうだったら特別なことが、あまりにもあたりまえすぎて自覚できないのかもしれません。

劇団青春座の井生代表もこうおっしゃっていました。

「北九州は暮らしやすくおもしろい街です。だけどみんななかなかそれに気づかない。ＵターンやＩターン組はもちろん、今ここで暮らしている人たちすべてが『北九州がいちばん！』という自覚をもてるように、街も人も努力しなければならない」

と。たしかに、住んでいる人が「**このまちがいちばん！**」と声をあげることがなによりのＰＲですし、〝まちおこし〟にもなると思います。

ばい煙の空から再生した青空は、努力なしにつかんだ青空よりずっとずっと青いです。それでもあゆみを止めることなく、北九州はさらなる変化・進化をつづけています。

私も負けとられん！　そう、思います。

冒頭で、北九モンは出身地を訊かれたら、「福岡です」と答えると書きました。

私も考えを改めます。

相手が北九州のことを何も知らなくても、「ああ、あの修羅の国ねー」とかめんどくさいことを言われても！

若戸大橋の夜景　© Koji Kobayashi

胸を張ってこう答えようと思います。

出身は、北九州です！

＊主な参考文献

『女性自身』　光文社　２０１６年９月６日号
『明治日本の産業遺産革命　丸わかりＢＯＯＫ』ＱＢＣ九州ビジネスチャンネル編集部　２０１５年
『田舎暮らしの本』　宝島社　２０１６年８月号
『北九州の風物詩』轟 良子著　西日本新聞社　２０１５年
『日本　鉄道旅行地図帳』　新潮社　２００９年
『戦う動物園』岩野俊郎・小菅正夫著　中公新書　２００６年
『とびはたものがたり』戸畑郷土史会　青木勇二郎 発行
『北九州市　21世紀の挑戦』　ＰＨＰ研究所　１９９８年
『洞海湾の落日』縄田和子著　筑豊文学社　１９８７年
『刀と聖書』玉井 政雄著　歴史図書社　１９７８年

葉月けめこ

北九州市戸畑区出身。劇作家、放送作家、作詞家、フリーライター。

テレビ・ラジオ・雑誌等で活躍。劇団青春座2016年春公演「若戸大橋物語」脚本、2017年秋公演「戸畑祇園ヨイトサ！」脚本を担当。

著書『いきなり作詞ができてしまう本！』（言視舎）『「大人のカラオケ」選曲名人』（共著、言視舎）。
▶ちょっと詳しいプロフィール
大恋愛のすえ駆け落ちした両親がひっそり暮らしていた八幡東区大蔵。父の給料日に花を飾って迎えようとした臨月の母が、崖の野花に手をのばし転げ落ちた。その拍子に半分飛び出した赤ん坊の頭。産院出産には間に合わず、慌てて駆けつけた近所のお産婆さんにとりあげられた赤ん坊。それがけめこである。

“初孫”という武器を手に入れた両親は、やっとこさ祖父母に結婚を許され、戸畑に戻る。すくすくと成長したけめこは、北九州市立牧山小学校、高峰中学校（現 高生中学校）へと進み、福岡県立戸畑高等学校に。その後福岡市内の短大で浮かれきった青春時代を送る。

踊り疲れたディスコの帰りに、むくむくと湧いてきた結婚願望。22歳の若さで結婚に走ったけめこだったが、まもなく夫の転勤で上京するハメに。あんな恐ろしい街（東京）やらぜったい行かん。福岡から一生出らんで生きていく！と決めていたのに。

海援隊の「思えば遠くへ来たもんだ」を口ずさみながら、西の空を見つめ涙ぐんでいた２３年前。「東京にやら負けたくない！」と一念発起してはじめたのが、あろうことか作詞家修行だった。このだいそれた発想はたぶん、崖から落ちたときの後遺症だろうと周囲に笑われつつ、あっちにぶつかりこっちにぶつかり、新たなる傷を増やしながら、どうにかこうにか18年、書く仕事をつづけている。

装丁………山田英春
DTP 制作………勝澤節子
編集協力………田中はるか
協力………北九州フィルム・コミッション　劇団青春座 井生定巳　小林浩治

北九州の逆襲

北九モンの心意気とドラマティック・シティの真実

発行日❖2017年 1 月31日　初版第 1 刷
2017年11月10日　第 3 刷

著者
葉月けめこ

発行者
杉山尚次

発行所
株式会社言視舎
東京都千代田区富士見 2-2-2 〒 102-0071
電話 03-3234-5997　FAX 03-3234-5957
http://www.s-pn.jp/

印刷・製本
中央精版印刷㈱

ISBN978-4-86565-072-3 C0336
JASPAC 出 161208043-01

言視舎刊行の関連書

978-4-86565-018-1

いきなり作詞ができてしまう本!
80年代ヒット曲がお手本

今日からあなたもクリエーター！このシステムならおもしろいように歌詞が生まれる。難しい理屈抜き。80年代の名曲をヒントに、どんどん詞が浮かぶシステム。いいフレーズができたら法則にそって組み立てるだけ。訓練法も伝授

葉月けめこ著

Ａ５判並製　定価1400円＋税

978-4-86565-063-1

「大人のカラオケ」選曲名人

カラオケで実際に歌われている人気アーティストの歌ランキングを大公開。それをもとにオススメ曲を選定。思わぬ発掘曲も多数。「何を歌ったらいいかわからない」という悩みを解決。これで迷わない。マンネリも打破。

富澤一誠著
葉月けめこ＋源祥子構成

A5判並製　定価1600円＋税

978-4-86565-021-1

大阪のオバちゃんの逆襲

大阪のオバちゃんは誤解されすぎ、ここらで逆襲や！いつも心に大阪のオバちゃんを。東京に来た「真性大阪のオバちゃん」が、陽気でフリーダムで笑いがいっぱいのその魅力とオモロサを報告。日本にはこのノー天気な生き方が必要。

源祥子著

四六判並製　定価1400円＋税

978-4-86565-003-7

ウィ・キャン・スピーク福岡ことば
博多弁・北九弁・筑後弁の世界

博多弁だけが福岡んことばやなか！３つ、ことばがあるばい。方言を通して地元の魅力を再発見し、地域の活性化に貢献する１冊。いきなりＦＢもＬＩＮＥも打てる。もっとも博多弁が似合うロッカー鮎川誠氏とのインタビューも。

小林由明著

四六判並製　定価1400円＋税

978-4-86565-107-2

自分実現力
The Catch !

北九州から日本全国へ、世界へ！　北九州・福岡を拠点に、ライブやイベントで日本各地を飛び回る実力派Singer & Songwriterの人生論、待望の単行本。音楽家・冨永裕輔。数々の困難を乗り越え、夢や想いを現実のものにしてきた、その「実現力」を語る。

冨永裕輔著

四六判並製　定価1600円＋税